세계의 다리를 읽다

奇

기묘한 이야기

1 2

1 엘베 강에 위치한
마그데부르크 수로교

2 로이스 강에 위치한
악마의 다리

驚 놀라운 이야기

1 2

1 론 강에 위치한
생베네제 다리

2 밀야츠카 강에 위치한
암살자의 다리

1 2

3

1 루버르 요새의 해자에 설치된
성큰 다리

2 골든게이트 해협에 위치한
금문교

3 케미 강에 위치한
나무꾼의 촛불 다리

1 2

3

史

역사적 이야기

1 아르노 강에 위치한
폰테 베키오

2 템스 강에 위치한
런던 다리

3 오아사히코 신사 부지 내부의
반도계곡 지류에 세워진
나루토 독일 다리

1 3

2

1 도나우 강에 위치한 엘리자베트 황비의 다리

2 아디제 강에 위치한 스칼리제로 다리

3 리히텐슈타인 성의 도개교

怖
무서운 이야기

1 3
2

1 피사로의
《파리의 퐁네프》

2 르누아르의
《퐁네프, 파리》

3 마인 강에 위치한
알테 브뤼케

1 3

2

1 피터르 브뤼헐 '악녀 흐릿'
마이어 판 덴 베르흐 미술관

2 엘 강에 위치한
바렌 다리

3 테이 강에 위치한
테이 철도교

세계의 다리를 읽다

악마의 다리부터 퐁네프까지 다리에 얽힌 별난 이야기

초판 1쇄 인쇄 2014년 12월 10일
초판 1쇄 발행 2014년 12월 15일

지은이 나카노 교코
옮긴이 김진희
펴낸이 김지훈
관　리 류현숙
펴낸곳 도서출판 어젠다

출판등록 2012년 2월 9일 (제406-2012-000007호)
주　소 경기도 파주시 광인사길 217
전　화 (031)955-5897 | 팩스 (031)945-8460
이메일 agendabooks@naver.com

ISBN 978-89-97712-18-2 03900

이 도서의 국립중앙도서관 출판시도서목록(CIP)은 e-CIP홈페이지(http://www.nl.go.kr/ecip)와
국가자료공동목록시스템(http://www.nl.go.kr/kolisnet)에서 이용하실 수 있습니다.(CIP제어번호: CIP2014033545)

세계의 다리를 읽다

악마의 다리부터
퐁네프까지
다리에 얽힌
별난 이야기

나카노 교코 지음
김진희 옮김

어젠다

사진 출처
Aflo_ p20, 38, 50, 56, 64, 70, 88, 94, 108, 114, 120,
126, 132, 138, 144, 150, 156, 170, 182, 194
ⓒ Akaishizawa Takehiko/a.collectionRF/amanaimages_ p26
ⓒ image100/Corbis/amanaimages_ p82

일러스트 | 前原啓子 마에하라 게이코

무지개로 뛰어오르다

다리는 유사이전부터 존재했다. 인류가 도구를 사용하기 시작했을 때에는 이미 다리도 존재했을 것이다. 우연히 쓰러진 나무나 떨어진 돌이 자연스럽게 강에 다리를 놓았을 것이고, 이를 경험한 사람은 직접 자신의 손으로 나무를 쓰러트려서 통나무 다리를 놓았을 것이다. 이것이 다리의 기원일 것으로 추측한다. 다리는 이쪽 세계와 저쪽 세계, 기지既知의 장소와 미지의 장소를 연결해준다. 다리를 건너는 것은 무척 스릴 넘치는 행위였을 것이다.

민족 대부분은 다리에 대해서 공통적인 이미지를 갖는다. 다리는 서로 다른 두 개의 세상, 즉 일상과 비일상, 차안과 피안을 이어준다. 인생의 난관과 극복해야 할 시련, 그리고 삶의 전환점을 상징하며, 전쟁의 요충지, 만남과 이별의 장소, 드라마가 발생하는 무대로 기능한다.

대개 다리가 나오는 꿈은 인생의 과도기가 도래했음을 의미하는 경우가 많다. 인간이 무의식적으로 느낀 변화의 징조가 꿈속에서 다리라는 상징적인 형태를 띠고 나타났다고 생각할 수 있다.

고대 로마에서는 고위신관高位神官을 폰티펙스pontifex라고 불렀는데 '다리=pons를 놓는=facio 자'라는 의미이다. 고위신관을 그렇게 부른 첫 번째 이유는 실제로 그들이 가교기술지식을 가지고 민중 구제를 행했기 때문이고, 두 번째 이유는 신의 말을 민중에게 전함으로써 성聖과 속俗의 가교역할을 했기 때문이다.

하지만 다리는 결코 일방통행로가 아니다. 이쪽에서 저쪽으로 건너갈 수 있는 것처럼 저쪽에서도 쉽사리 이쪽으로 건너올 수 있다. 다리를 놓을 때는 이계의 침입도 각오해야 한다. 신과 마물의 통로인 다리에서 괴이한 일이 발생하는 것은 당연한 일일 것이다. 때에 따라서는 다리 그 자체가 이계의 공간이 되기도 한다.

본서는 세계의 여러 다리에 관한 이야기를 들려줄 것이다. 이승과 저승을 잇는 다리와 역사적으로 큰 의미를 지니는 다리, 실재하는 다리와 공상의 다리, 그림에 등장하는 다리와 소설에 나오는 다리, 오페라 가사 속에 나오는 다리와 영화에 등장하는 다리, 귀여운 다리와 끊어진 다리, 피비린내 나는 다리와 재밌고 무서운 에피소드로 가득한 다리 등등……. 다양한 다리에 얽힌 이야기를 들려주려고 한다.

제일 먼저 높은 하늘에 아치형으로 걸려있는 이 세상에서 가장 크고 아름다우며 소중한 일곱 빛깔의 다리에 관해서 이야기하고 싶다. 그것은 바로 무지개이다. '고지키古事記'의 일본 창세신화에 따르면 이자나기伊邪那岐와 이자나미伊邪那美라는 두 신이 창으로 혼돈을 섞어서 일본열도를 만들었다고 한다. 그리고 이 때 두 신이 서 있던 곳이 아마노우키바시天浮橋라는 이름의 다리, 즉 무지개였다.

하늘과 땅을 잇는 무지개는 다리와 비슷한 상징적 의미를 지니기 때문에 무지개와 다리를 동일시하는 신화가 세계각지에 분포한다. 북유럽신화에서는 전사한 영웅이 무지개다리를 건너서 천궁인 아스가르드Asgard로 들어간다고 한다. 그리스 신화에서는 무지개의 여신 이리스Iris가 무지개를 타고 천상과 지상은 물론 지하 세계까지도을 오르내리며 신의 전령사로서 임무를 수행한다. 남신인 에르메스Hermes, =머큐리의 여신 버전으로, 에르메스와의 차이점은 신속한 업무처리속도이다. 순식간에 나타나서는 단도직입적으로 전할 것을 전하고 눈 깜짝할 사이에 사라진다. 생각할 틈조차 주지 않고 사라져버리는 무지개의 특성을 이리스도 가진다.

트로이아Trojan 전쟁 말기에 이리스는 헬레네Helena 앞에 나타나서 '그대는 승자의 아내가 될 것이오'라고 그녀에게 운명을 전했다. 십 년 전에 연인 파리스Paris와 야반도주한 이래로 지금까지 그와 함께 지내왔지만, 이리스의 말을 들은 헬레네는 갑자기 고향 그리스와 버리고 떠나온 남편이 그리웠다. 그녀는 불륜을 청산했고 전쟁이 어떻게 됐을지는 예상할 수 있을 것이다.

트로이아가 멸망 후에 벌어진 비극에도 이리스는 등장한다. 카르타고Carthago의 여왕 디도Dido가 트로이아의 왕자 아이네이아스Aeneas를 숨겨줬는데, 그 사이에 두 사람은 깊은 사랑에 빠지고 만다. 하지만 잠깐의 밀월은 이내 끝났고 아이네이아스는 로마건국의 시조가 될 운명을 안고 카르타고를 떠났다. 슬픔에 잠긴 디도는 스스로 목숨을 끊었고 산처럼 쌓인 장작 위에서 화염으로 불타올랐다.

이리스는 디도의 육체에서 영혼을 해방시키기 위해서 무지개를 타고 내려왔고, 순식간에 그녀의 머리카락을 잘라서는 다시 천계로 올라갔다.

고대인의 발상은 흥미롭다. 비 갠 하늘에 걸린 웅대한 무지개 위로 천계의 스피디한 여성 이리스가 뛰어 내려왔다가 다시 뛰어 올라가는 모습을 그들은 정말로 목격했을지도 모르겠다.

차례

제3장

史

역사적 이야기

제4장

怖

무서운 이야기

奇

제1장

기묘한 이야기

악마의 다리
된장을 파는 다리
개가 뛰어내리는 다리
에셔의 그림 같은 다리
투명한 다리
끊어진 다리
말단 관리의 유령

악마의 다리

¶

아쿠타가와 류노스케芥川龍之介의 유명한 단편소설 '담배와 악마煙草と悪魔'는 프란시스코 사비에르Francisco de Xavier와 함께 일본으로 건너온 악마가 주인공인 이야기이다.

악마는 일부러 사제의 모습으로 변신하고 일본까지 건너왔다. 하지만 당시 일본에는 아직 기독교도가 없었기 때문에 유혹하여 파멸시킬 사람도, 지옥으로 끌고 갈 사람도 찾을 수가 없었다. 할 일이 없는 악마는 밭을 경작하기로 한다. 그러던 어느 날, 소를 파는 상인이 악마의 밭을 지나게 됐다. 상인은 처음 보는 그 식물이 신기하여 이름이 무엇이냐고 물었고, 그 기회를 놓치지 않고 악마는 자신의 정체를 드러냈다. 악마는 3일 안에 식물의 이름을 맞히지 못하면 육체와 영혼을 빼앗아 가겠다고 으름장을 놓는다. 하지만 상인은 꾀를 내어 소를 데리고 밭으로 간다. 상인은 밭에 소를 풀어놓았고 소는 밭을 모조리 밟아버렸다. 그리고 밭을 본 악마는 분노에 가득 찬 목소리로 "도대체 누가 내 담배 밭을 다 망쳐놨느냐!"하고 소리쳤다.

이 얼마나 어리석은 악마란 말인가. 그런데 이국땅에서뿐만 아니라 고향땅에서도 악마가 인간에게 당하는 예는 적지 않다. 놀랍게도 유럽에는 '악마의 다리', 혹은 '악교'라고 불리는 다리가 수십 개에 이른다고 한다. 악마가 놓았거나 혹은 악마와 계약을 맺은 사람이 놓은 다리이다. 위험한 장소에 위치해야 하며, 경제적, 군사적으로 중요한 지역을 점하고 있어야 하는 것이 악마교의 조건이다.

고대 로마 시대에 놓인 다리는 모두 악마의 다리라는 전설이 전해진다. 이를 통해서 로마의 가교 기술이 비현실적으로 뛰어났다는 것과 후대의 가교 기술이 이에 미치지 못했다는 것을 추측할 수 있다. 로마 제국의 멸망과 함께 뛰어났던 토목건축기술까지 소멸한다. 왜냐하면, 일찍이 '장인'으로 사람들에게 존경받던 건축가가 종교가 지배하는 중세에 이르러 기술자로 전락했기 때문이다. 자연히 인재도 고갈됐다. 교회가 기술발전을 저지한 탓에, 사람들은 절경이 뛰어난 곳에 놓인 오래된 다리를 볼 때면 "악마가 아니고서는 저런 곳에 다리를 놓을 수 있을 리가 없어"라고 경탄했다.

다른 설도 있다. 중세에는 종교인이 지식을 독점했기 때문에 그들이 가교하는 경우가 종종 있었다. 다리와 관련된 전설에 악마와 성인이 등장하는 것도 당연한 일이다. 당시 사람들은 천사와 악마, 기적을 진심으로 믿었다.

스위스에도 악마의 다리가 있다. 스위스는 국토의 3분의 2가 험준한 산악지대이다. 오늘날에는 그런 경관을 활용하여 관광국이 됐지만, 옛날에는 길을 하나 내는 것도, 다리를 하나 놓는 것도 쉽지 않은 일이었을 것이다.

13세기 초, 쉘레넨Schöllenen 협곡에 남북을 관통하는 길이 뚫렸다. 이탈리아와 독일을 연결하는 길로 통상 및 군용목적의 길이었다. 이 협곡 북부에 위치한 로이스Reuss 강의 격류 위에 다리가 하나 있다. 보는 사람을 아찔하게 만드는 화강암 절벽에 세워진 다리이다. 취리히Zurich 근교에 위치한 수도원에서 세운 것이라는 기록이 있다. 가교기술을 보유했던 수도사가 세웠을 것으로 추측한다. 하지만 전설에 등장하는 것은 수도사가 아니라 악마이다.

우리 주Kanton Uri 사람들은 다리를 놓고자 지속해서

애썼지만 결과는 좋지 않았다. 사람들은 인간의 힘으로 그 곳에 다리를 놓는 것은 불가능하다며 포기했고, "악마가 아니고서는 못 놓을 거야"라고 말했다. 그러자 파우스트Faust 앞에 메피스토펠레스Mephistopheles가 나타났던 것처럼 갑자기 악마가 나타났고, "좋아, 내가 만들어주지. 대신에 이 다리를 제일 처음에 건너는 자의 육체와 영혼을 가져가겠다"라고 말했다.

악마는 순식간에 나무다리를 놓았다. 문제는 그때부터였다. 그 누구도 첫 번째로 다리를 건너려 하지 않았기 때문이다. 이에 현자가 꾀를 낸다. 현자는 산양을 다리로 끌고 갔고, 악마는 뛰어들어서 다리를 건너는 산양을 움켜쥔다. 인간이 아님을 알고 분노했지만, 악마는 계약을 맺을 때 제일 처음 건너는 '인간'이라고 말하지 않았던 것이었다.

얼빠진 악마가 아닐 수 없다. 하지만 이야기는 여기서 끝나지 않는다. 화가 난 악마는 다리를 부숴버리려고 커다란 바위를 번쩍 들어 올렸다, 믿음 깊은 여성이 재빨리 다리 위에 십자가를 그렸고, 악마는 맥없이 물러났다. 바위는 오늘날에도 다리에서 그리 멀리 떨어지지 않은 곳에 남아있다. 이 바위를 사람들은 '악마의 바위'라고 부른다.

'악마의 다리'라는 둥 '악마의 바위'라는 둥 이름은 무시무시하지만, 아쿠타가와의 소설에서와 마찬가지로 이교도에게는 그저 웃긴 이야기로 들릴 뿐이다. 그런데 다리는 악마가 만든 것치고는 내구성이 뛰어나지 않았다. 홍수와 전쟁으로 세 번이나 붕괴된 것이다. 현재 놓여있는 '악마의 다리'는 다시금 가교된 네 번째 다리로, 절경과 함께 관광명소가 됐다.

19세기 후반에 악마의 다리 위에 가교된 신규 다리는 자동차도로로 사용되고 있다. 악마의 다리로 이어지는 오래된 도로는 암벽 옆에 붙어있는 커브길인데 반해, 자동차 전용도로로 사용되는 다리는 터널 안쪽으로 쭉 뻗은 일직선 길이다. 터널 입구에는 도롱뇽의 배처럼 새빨간 페인트로 악마와 산양이 그려져 있다. 서툴게 그려진 그 그림이 오히려 무섭게 느껴진다.

로이스 강에 위치한

악마의 다리

사람의 접근을 불허하는 험준한 협곡에 놓인 다리를 보면 누구라도 악마가 놓았다고 믿을 것이다. 그곳에 다리를 가교한 사람도 악마라도 상관없으니까 누가 좀 도와줬으면 좋겠다고 생각했을 것이다. 옛말에 이르기를 '악마를 부르기는 쉽지만 유혹에 넘어가지 않기는 어렵다'고 했다.

된장을 파는 다리

¶

다리는 '운명을 역전' 시킬 우연을 만날 수 있는 장소이기도 하다. '된장을 파는 다리'라는 일본의 전래동화가 그런 이야기를 들려준다.

노리쿠라다케乗鞍岳의 사와카미沢上에 쵸키치長吉라는 가난한 숯장수가 살고 있었다. 어느 날 밤, 꿈에서 노인에게 "히다타카야마飛騨高山에 있는 된장을 파는 다리에 가면 솔깃한 이야기를 들을 수 있을 것이다"라는 말을 듣는다. 그는 서둘러 히다타카야마로 갔고, 다리 위를 통행하는 사람들에게 계속해서 말을 걸어보았다. 하지만 며칠이 지나도록 이렇다 할 만한 좋은 이야기를 듣지 못했고 그는 실망했다.

다리 옆에 위치한 된장 가게의 주인이 이런 쵸키치의

모습을 보고 이상하다고 생각한다. 그는 쵸키치에게 뭘 하고 있는 것이냐고 묻는다. 쵸키치는 솔직하게 이야기했고, 쵸키치의 이야기를 들은 된장 가게 주인은 큰소리로 웃으며 "시시한 꿈은 그만 믿으시고 어서 집으로 돌아가는 것이 좋겠소. 내 꿈에도 노인이 나와서 '사와카미에 사는 쵸키치라는 남자의 집 정원에 삼나무가 하나 있는데, 그 아래에 금은보화가 있다'라고 말했소. 하지만 일부로 거기까지 갈 정도로 어리석지 않소"라고 말했다. 쵸키치는 깜짝 놀랐고 서둘러 집으로 돌아와 삼나무 아래를 파보았다. 그러자 노인의 계시대로 보물이 끊임없이 쏟아져나왔다. 그 후로 그는 복 받은 사람이라고 불리며 풍족하게 살았다.

미스터리 소설에 나올 법한 반전이다. 뜻밖에 굴러들어온 기회를 분명하게 간파한 사람과 그렇지 못한 사람에 관한 이야기이다. 쵸키치와 된장 가게 주인에게는 똑같은 기회가 주어졌다. 쵸키치는 간단하게 삶을 역전한다. 행운을 꽉 움켜잡음으로써 부자가 된 것이다. 반면 된장 가게 주인은 행운이 놓였다는 사실조차 깨닫지 못한 채 현상을 유지한다.

된장 가게 주인은 좋은 꿈을 꾸고도 아무런 생각도 하지 않고, 아무런 행동도 하지 않았다. 하지만 다리에서 이상한 행동을 하는 남자에게는 신경을 쓴다. 이때라도 아직 때는 늦지 않았었다. 남자에게 "어디에서 온 누구요?"라며 이름을 묻기만 했더라도 된장 가게 주인이 복 받은 사람이 됐을 것이다.

수많은 사람이 통행하는 다리에서는 필연적으로 다량의 정보 교환이 이루어진다. 다리는 오늘날의 인터넷과 같은 역할을 했다. 귀중한 정보를 정확하게 획득하지 못하는 사람은 운명을 개척하지 못한다. 또 다리는 눈에 보이는 세계와 눈에 보이지 않는 세계를 연결한다. 보려 하지 않는 자의 눈에는 끝내 아무 것도 보이지 않는다. 그래서는 운명을 바꿀 수 없다.

그런데 이 동화는 일본 고유의 전래동화가 아니다. 그림 형제의 '독일민담집'에 '꿈속 다리 위의 보물'이라는 이 이야기와 매우 흡사한 이야기가 나온다. 레겐스부르크 Regensburg 다리에 가면 부자가 될 것이라는 꿈을 꾼 남자에 관한 이야기이다.

독일뿐 아니라 유럽 각지에 있는 각각의 다리가 등장하는 이와 비슷한 이야기가 수도 없이 전해진다. 최근의 연구는 영국을 거쳐서 일본으로 유입된 것으로 추측한다.

그럼 이 이야기의 뿌리는 어디일까. 아무래도 설화집

'천일야화9세기 무렵'인 듯하다. 하지만 천일야화에서는 핵심인 다리가 나오지 않는다. 이야기는 이렇다.

카이로에 사는 남자가 반복해서 같은 꿈을 꿨다. 페르시아의 에스파한Eşfahān에 있는 이슬람 사원에 가면 보물이 있을 것이라는 꿈이었다. 힘들게 고생하며 페르시아의 이슬람 사원에 도착한 남자는 밤을 지새웠다. 그런데 사원은 도적의 소굴이었고 그곳에 있던 그는 도적으로 오해를 받고 체포당한다.

무혐의를 호소했지만 형신刑訊은 계속됐고, 끝내 재판관 앞으로 끌려가게 된 남자는 사원에서 밤을 지새웠던 이유를 소상하게 고한다. 이야기를 듣고 재판관은 크게 웃으며 "그런 꿈이라면 나도 꾸었지. 카이로에 사는 어떤 자의 정원에 연못과 해시계와 오래된 무화과나무가 있는데 그 나무 아래에 보물이 묻혀있을 것이라는 꿈이었네. 조금도 믿을 수 없지만 말일세. 그대도 두 번 다시 꿈에 속지 않도록 하고, 고향으로 돌아가라"라고 말했다. 남자는 인사를 고하고 서둘러 집으로 돌아갔다. 당연히 정원은 남자의 정원이었고, 무화과나무 아래에는 정말로 보물이 묻혀있었다.

그런데 왜 다리가 나오지 않는 것일까. 아니, 그 반대이다. 유럽으로 전파되면서 어째서 다리가 들어가게 된 것일까. 아마도 사막의 나라인 페르시아와 비교했을 때 유럽에는 다리가 훨씬 많기 때문일 것이다. 게다가 다리는 교회 및 사원과 마찬가지로 일종의 신성함이 감도는 장소이기 때문이기도 하다.

미야카와(宮川)에 위치한

된장을 파는 다리

정식 명칭: 이카다 교(筏橋)

이 다리를 보면 '소문난 잔치에 먹을 것 없다'는 말이 떠오른다. 먼 페르시아의 이야기에서 유래한 재미난 동화가 특별할 것도 없는 평범한 다리와 결합됐기 때문이다. 그런데 세상의 많은 것들이 대개 그런 것 같다.

길이: 27미터 | 폭: 10.5미터
1933년에 완성된 철근 콘크리트제 다리

개가 뛰어내리는 다리

¶

다리는 괴이한 일이 일어나는 장소이기도 하다. 다른 세계와 연결되어있는 다리에서 괴이한 일이 일어나는 것은 당연한 일인지도 모르겠다.

스코틀랜드Scotland는 덤바턴Dumbarton 근처에 위치한 구릉지대이다. 1860년대에 한 명의 부호가 클라이드Clyde 강이 내려다보이는 광활한 대지를 구입하여 그곳에 컨트리하우스를 지었다. '컨트리시골의 집'이니까 자그마한 별장일 것으로 생각하겠지만 그렇지 않다. 컨트리하우스는 교외에 위치하는 귀족의 대별장을 의미하는 말로, 우리 눈에는 성처럼 보일 수 있다. 설계시공을 담당한 것은 매들린 스미스Madeline Smith의 부친이었다.

유령을 좋아하여 고딕풍을 탄생시킨 영국인은 이 건물에서 발생한 불가사의한 사건이 설계자와도 관련이 있을 것이라고 말했다. 매들린 스미스는 도끼로 부모를 살해한 리지 보덴Lizzie Borden만큼 유명하지는 않지만 범죄자 열전에는 반드시 포함되는 상류계급 출신의 여성이다. 그녀는 결혼에 방해된다는 이유로 애인을 비소砒素로 살해했다. 리지와 마찬가지로 무죄판결을 받았지만 사람들은 지금도 그녀를 진범이라고 믿는다사람들은 유력인사의 변론이 판결을 좌우했다고 생각했다.

시대가 바뀌어 1892년, 부호의 아들 대에 이른다. 부지는 더욱 넓어졌고 저택과 근처 마을을 나누던 작은 폭포 위로는 오버톤Overtoun 다리가 놓였다. 개성 없는 평범한 다리였지만 음침한 분위기가 감돈다. 짙은 안개가 끼는 저녁이면 그 앞의 성과 어우러져서 그야말로 고딕한 음산함이 극에 달한다.

20세기에 다리를 비롯한 토지건물은 덤바턴 시에 매각됐다. 성은 제2차 세계대전 동안에 병사들의 치료소로 사용됐고, 그 후로는 청소년 및 10대 미혼임산부를 위한 시설로 이용됐다. 이 무렵에 오버톤 다리 위에서 젊은 여성이 자신의 아이를 다리 아래로 던지는 살인사건이 발생했는데, 사람들은 이것도 음산한 다리와 관련이 있을 것이라고 쑥덕였다.

왜냐하면 오버톤 다리는 이미 자살 다리로 유명세를 떨치고 있었기 때문이었다. 다만 차례차례로 떨어지는 것은 사람이 아니라 개였다. 다리 난간을 뛰어넘어 30미터 아래로 추락한 개들은 계속해서 목숨을 잃어갔다.

처음으로 일이 발생한 것은 다리가 가교되고 약 60년이 지난 1950년대였다. 그로부터 반세기 동안에 50마리 이상의 개가 죽었다. 매년 적어도 1마리의 개가 죽은 것이다. 믿을 수 없겠지만, 다리에서 떨어지고도 죽지 않은 몇 마리의 개는 다리로 돌아와서 다시 뛰어내렸다고 한다. 결국 다리에는 경고문이 붙었다. 경고문에는 '위험한 다리입니다. 개 줄을 꽉 잡으십시오'라고 쓰여 있다.

몇 년 전에 영국 TV 프로그램에서 이 기묘한 사건을 다뤘다. 방송에는 실제로 이 다리에서 아끼던 개를 잃은 여성도 나왔다. 여느 때와 다름없이 산책을 시키고 있었는데 갑자기 맹렬한 기세로 다리에서 뛰어내렸다며 울면서 이야기했다. 실로 눈 깜짝할 사이에 일어난 일이었다고 한다.

흥미롭게도 사건에는 세 가지 공통점이 있었다. 뛰어내린 개는 코가 길쭉하게 생긴 사냥개라는 점, 맑은 날에 발생했다는 점, 항상 다리의 한쪽으로만 뛰어내린다는 점이었다. 이것이 의미하는 것은 무엇일까.

TV에서는 현지의 동물행동학자가 자신의 추론을 펼쳐 보였다. 그는 “개는 자살하지 않는다. 개는 눈으로 높이를 짐작할 수 있기 때문에 결코 위험한 곳에서 뛰어내리지 않는다. 때마침 다리 옆으로 키 높은 덤불과 작은 길이 있어서, 일견 그렇게 높아 보이지 않는다. 또 사냥개는 후각이 대단히 뛰어나다. 맑은 날에 무언가 강렬한 냄새가 다리 아래에서 위로 올라왔을 것이다”라고 말했다. 조사해보니 정확히 1950년대부터 다리 주변에서 밍크가 이상 번식한 것으로 밝혀졌다. 이것이 원인이었음이 틀림없다.

이어서 학자는 뛰어내린 개와 같은 종을 포함하는 10마리의 사냥개를 데리고 평지에서 실험을 시행했다. 밍크, 다람쥐, 쥐의 분비물 냄새를 용기에 담아서 서로 떨어트려 놓았다. 그리고 멀리서 개를 풀어놓았더니, 7마리가 밍크의 분비물 냄새가 담긴 통으로 달려갔다. 개다래나무 냄새를 맡으면 흥분하는 고양이처럼, 밍크 냄새를 맡고 흥분한 개가 그렇게 높은 줄 모르고 다리 아래에 있을 사냥감을 향해서 쏜살같이 뛰어갔다는 것이다.

그런데 과연 그것뿐이었을까. 애당초 아래쪽에서 밍

크 냄새가 올라오는 다리가 전 세계에 오버톤 다리뿐일까. 무엇보다 무엇을 근거로 개가 자살하지 않는다고 잘라 말하는 것일까. 태고부터 인간의 친구였던 이 지적인 동물을 단정하는 것은 무례한 일이 아닐까. 개의 세계는 후각의 세계로 인간의 환경지도와는 전혀 다르다고 한다. 그렇다면 마찬가지로 개의 감지능력이 인간의 감지능력을 상회하기에 개가 영적인 무언가를 날카롭게 감지했을 가능성도 있지 않았을까.

클라이드 강의 지류에 위치한

오버톤 다리

개인적인 이야기인데 친구가 키우던 개가 고층빌딩에서 뛰어내려서 죽었다. 좁은 베란다 난간 사이를 통과하여 아래로 떨어졌다. 당연히 아래에 밍크는 없었다. 그리고 늙고 병든 개였다.

1892년에 완성된 아치형 석조 다리

에셔의 그림 같은 다리

¶

그것은 그야말로 초현실적인 광경이었다. 풍요로운 전원지대에서 두 줄기의 강이 직각으로 교차했다. 이것이 진정 현실의 산물이란 말인가. 시각적 환영을 표현하는 것으로 유명한 에셔Maurits Cornelis Escher의 세계를 CG로 구현한 것이 아닐까. 그것이 아니면 SF영화의 한 장면이지 않을까 하는 그런 의심이 들 정도이다.

사실 위쪽으로 흐르는 것은 강이 아니라 다리였다. 물이 가득 찬 다리에서 대형선박이 항행했다. 다리가 강이고 강이 다리라는 것을 아직 우리는 쉽게 이해할 수 없다. 강에 설치된 '강을 위한 다리', 그런 불가사의한 다리가 있다면 건너보고 싶다고 누구라도 생각할 것이다.

이곳은 고도 마그데부르크Magdeburg의 근처로 일찍이 동독이었던 곳이다. 아래로 흐르는 것이 진짜 하천인 엘베Elbe 강이고, 위에 설치된 것이 마그데부르크 수로교이다. 다리 양쪽으로 보도가 설치되어 있기 때문에 산책하면서 바로 옆을 항행하는 배와 발밑에서 멀어져가는 배를 모두 조망할 수 있다.

엘베 강의 수원은 폴란드Poland와 체코Czech의 국경으로, 독일 동부에서 북쪽을 향해서 흐르다가 함부르크Hamburg에서 북해로 흘러든다. 마그데부르크는 옛날부터 수상교통의 요충지였기 때문에 주요교통망인 운하건설도 발달했다. 그리고 운하와 운하를 연결하는 수로교도 구상해냈다. 마그데부르크 다리가 설치되기까지 미텔란트 운하Mittellandkanal를 통과한 배는 일단 엘베 강으로 진입하여 잠시 강을 따라서 내려가다가 방향을 틀어 엘베-하벨Elbe-Havel 운하로 진입하여 다시 운행해야 했다. 그뿐만이 아니었다. 엘베 강의 수위가 낮아지는 건기에는 대형선박이 운행하지 못하는 일도 비일비재했다. 항행 거리단축과 원만한 운송을 위한 수로교가 필요했다.

그리하여 1919년, 엘베 강에 운하를 연결하는 '강을 위한 다리' 건설계획에 착수한다. 독일인에게는 뛰어난 기술력이 있었기 때문에 많은 시간을 소요하지 않고 착공할 것으로 예상했다. 하지만 머지않아 제2차 세계대전이 발발했고, 종전 후로는 국토가 분단된다. 마그데부르크는 공산주의 국가에 편입됐고 가혹한 경제사정으로 인해 수로교 계획은 영구히 동결됐다.

그로부터 약 80년 후에 독일은 통일됐고 이 대형 프로젝트는 다시금 부상했다. 수도 베를린Berlin과 루르 공업지대Ruhrgebiet의 물자운송을 위해서 다리가 반드시 필요했기 때문이다. 이번에는 진행속도가 빨랐다. 1997년에 착공해서 6년 후인 2003년에 완성했다.

보는 바와 같이 다리는 독일이 기술대국임을 말해줄 만큼 훌륭하다. 배가 항행할 수 있는 이 수로교는 세계 최대길이인 228미터로, 지상 부분까지 포함하면 918미터에 달한다. 폭도 넓으며, 엘베 강 위를 지날 때 106미터에 이른다.

두 운하의 고저 차가 18미터에 이른다는 건축상의 난점이 있었지만 승강기를 설치하여 해결했다. 상공에서 내려다보는 것으로는 알기 어렵지만, 수로교의 앞쪽 갑문에서 배가 엘리베이터처럼 하강하는 구조이다. 수로교를 포함하는 이 신운하를 라인Rhein 강까지 연장하는 것이 어떻겠느냐는 의견도 있다. 하지만 현재는 환경문제를 둘러싸고 찬반양론이 대립하고 있다.

중세부터 운하와 수로교 건설이 왕성하게 이루어진 유럽에는 상당수의 고가 수로교가 있다. 하지만 규모에서 마그데부르크 수로교는 압도적이다. 유통에 따른 경제효과상승이 있을 뿐만 아니라 관광명소로서도 인기를 끈다는 사실에 절로 고개가 끄덕여진다. 일본에는 수로교 자체가 극단적으로 적다. 또 강은 다리 아래로 흐르는 것이고 배도 다리 아래로 항행하는 것이라는 고정관념이 뿌리 깊어서, 다리 위로 물을 흐르게 하겠다는 발상 자체에 깜짝 놀란다.

하지만 다리가 이쪽에서 저쪽으로 건너가기 위해서 만드는 것인 만큼 건너가는 것이 꼭 사람일 필요는 없는 것이다. 자동차와 철도 전용 다리가 이미 존재하는 것처럼 배가 통행하는 다리도 전혀 신기할 것이 없다. 하지만 그럼 "다리 아래를 세느 강이 흐르고 우리의 사랑도 흐르네"라는 미라보의 애절한 사랑의 시는 달라질 것이다. "엘베강 '위'를 배가 미끄러져가고 우리의 사랑도 미끄러져가네"와 같은 새로운 시가 생겨날지도 모르겠다.

엘베 강에 위치한

마그데부르크 수로교

마그데부르크 근교(독일)

이 기다란 수로교는 강의 위는 물론 지면의 위까지도 이어진다. 이른바 육교와 같은 형태로 되어 있는 부분을 아래쪽에서 올려다보면 지탱부가 마치 수십 척의 연결된 용골(keel, 선체의 중심선을 따라 배밑을 선수에서 선미까지 꿰뚫은 부재. 우리 몸의 척추와 같은 역할을 함)처럼 보인다는 점이 흥미롭다.

길이: 918미터 | 폭: 106미터 | 2003년에 완성된 철근 콘크리트제 다리

EUROPA
MINDEN D
WARSTEINER
EUROPA

마그데부르크
독일

투명한 다리

¶

인간에게는 새와 같은 날개도 없고, 곤충과 같이 몸을 감싸주는 단단한 껍질도 없다. 하방 수직으로 넓게 펼쳐진 공간 앞에 섰을 때 인간의 다리가 떨리는 것은 당연한 일이다. 한편 높은 곳에서 아래를 내려다보는 것은 비일상적인 경험이다. 초월적인 시점을 갖게 됨으로써 그때까지 가지고 있던 인식이 뒤바뀐다. 놀람과 흥분을 동반하는 환희를 맛보게 된다.

흔들리는 다리나 아찔하게 높은 곳에 설치된 다리, 금방이라도 붕괴될 것 같은 다리를 건널 때 사람은 눈앞이 아찔해지는 공포와 환희를 느낀다. 떨어져 죽을 수도 있다. 그럼에도 불구하고아니, 그렇기 때문에야말로 뻥 뚫린 시야와 개방감에 압도된다. 다리를 건너고 나면 살아있다는 실감이 온몸을 휘감는다. 공포는 죽음 곁에 존재하기 때문에 삶은 전보다 훨씬 눈부시게 빛난다.

이에 더 짜릿한 흥분을 선사하겠다며 투명한 유리 다리 건설계획이 세워졌다. 건설 위치는 중국 호남성湖南省의 장가계張家界였다. 무릉산맥武陵山脈에 위치한 장가계는 험준한 산봉우리가 끝없이 이어지는 절경지로 유명한 관광지로, 세계유산 '무릉원 자연풍경구'의 일부이기도 하다. 우뚝 솟은 이곳의 봉우리와 봉우리 사이에 세계 최초의 유리 현수교를 설치하겠다고 한다.

협곡 바닥부터 다리까지의 높이는 400미터라고 한다. 도쿄타워보다도 훨씬 높은 위치로 운해에 둘러싸이는 일도 잦을 것이다. 보통의 철근 콘크리트 다리라고 해도 충분히 떨릴 만한 높이이다. 그런데 측면과 바닥은 물론 뼈대에 이르기까지 하나부터 열까지 유리로 제작한다. 발밑이 여실하게 보일 뿐 아니라 의지할 난간부까지도 투명해서 공중에 떠 있는 감각을 느끼게 될 것이다. 겁 많은 사람은 한 발짝 뗄 때마다 낙하의 공포를 맛볼 것이다. 다리 중앙에서는 번지점프도 할 수 있을 것이라고 한다.

다리의 폭은 2미터 이상, 길이는 370미터로 건축할 예정이다. 물론 유리라고는 하지만 항공우주분야에서 사용하는 최신 고강도의 소재로 제작될 것이다. 비용은 2억

6천만 위안元, 2013년 말 완공을 목표로 프로젝트는 진행됐다. 하지만 계획대로 진행되지 않았고 현재로서는 언제 완공될지 분명하지 않은 상태이다편집자주 : 현재는 완공된 것으로 확인.

이 투명한 다리를 건너면 신이나 신선이 된 듯한 기분이 들 것이다. 발밑으로는 절경이 펼쳐지고 위와 좌우로는 하늘이 펼쳐진다. 비행기와 글라이더, 혹은 하늘을 나는 융단(?)을 타고 관광하는 것과는 달리 시선을 막는 것이 아무것도 없을 뿐만 아니라 자신의 발로 한 발, 한 발 천공을 걸어야 한다. 공포만 극복할 수 있다면 이보다 더 신나는 체험도 없을 것이다.

하지만 분명 본능은 비명을 지를 것이다. '떨어질 거야', '죽을 거야'라는 시끄러운 경종이 울리면 다리를 건너다 말고 얼어붙을지도 모른다. 패닉에 빠져서 정말로 떨어지는 사람이 나올지도 모르겠다. 그런 일이 발생한다면 언론은 '다리를 만든 것이 잘못이다', '완벽하게 완전관리를 하지 않은 관리자의 책임이다'라고 떠들 것이다. 하지만 오늘날 세계는 위험하다는 사실을 알면서도 위험한 장소에 간 개인의 책임으로 보는 것이 대세이다. 유리 다리는 말 그대로 유리처럼 산산조각이 날 가능성도 있고, 폭풍에 흔들리다가 사람과 함께 날아가 버릴 가능성도 있다. 이 모든 것을 알고도 도전하는 것은 생사를 운명에 맡기는 행위일 것이다.

애초부터 이 다리는 이쪽에서 저쪽으로 건너갈 필요성이 있어서 만들려는 다리가 아니다. 죽음의 위험을 감수하면서라도 자극을 느끼고 싶은 사람, 무지개를 건너는 신선의 기분을 맛보고 싶은 사람을 위한 다리이다. 떨어지더라도 첩첩산중인 이곳에 때맞춰 구조대가 올 수 있을 리가 없다. 이 사실을 알고도 틀림없이 많은 관광객이 전 세계에서 몰려들 것이다. 왜냐하면 다리는 아직 설치되지 않았지만, 이미 설치된 잔도를 통해서 알 수 있기 때문이다. 천문산天門山 국가산림공원에 있는 유리잔도가 그것이다. 깎은듯한 절벽 옆으로 유리로 된 발코니가 설치됐고 관광객의 발길이 끊이지 않고 이어지고 있다.

높은 곳에서 느끼는 본능적인 공포의 정도가 보통 사람보다 심하여 사회생활에 지장을 초래하기 때문에 치료를 필요로 하는 것을 '고소공포증'이라고 한다. 최근 고소공포증 환자가 줄었다고 한다. 고층건물의 숲에 살면서 높은 곳에 올라갈 기회가 증가했기 때문이다. 사람이 고층건물의 숲에 살게 되면서 높은 곳에 올라갈 기회가 증가했기 때문으로, 사람에 따라서는 고층에 거주하기도 한다. 동시에 건축물의 안전성에 대한 신뢰도 증가했기 때문이다.

반대로 한편에서는 살아가는 데 필요한 본능적 능력이 쇠퇴한 결과이며 육체 감각이 둔감해진 탓이라는 주장도 있다. 상상력의 저하로 위험을 감지하게 못하게 된 탓에 공포를 느끼지 못하는 것이라는 지적이다. 어둠이 사라진 도시에 더 이상 귀신이 출몰하지 않는 것처럼 높은 곳에 대한 공포도 사라지고 있는 것이다.

이 주장이 사실인지 아닌지는 알 수 없다. 다만 높은 곳에 대한 공포를 봉인하지 않고서는 살아갈 수 없는 시대인 것만은 확실하다. 이것을 인간성 상실이라고 말할 수도 있겠지만, 반대로 높은 곳에 대한 면역이 생김으로써 시대에 대한 적응력이 증가했다고도 생각할 수 있을 것이다. 철도가 막 생겨났을 당시를 생각해보길 바란다. 처음으로 기차를 타본 작곡가 로시니Gioacchino Antonio Rossini는 그 스피드에 두려움을 느꼈고 죽을 때까지 두 번 다시 기차를 타지 않았다고 한다. 그는 기차만큼 무서운 것은 세상에 또 없을 것이라고 말했다. 당시에 로시니처럼 느낀 사람은 적지 않았다. 겨우 시속 50~60킬로미터였는데 말이다.

어쩌면 미래에는 모든 다리가 유리로 돼 있을지도 모

른다. 그러면 우리가 로시니를 비웃는 것처럼 미래인도 우리를 비웃을지 모른다.

400미터 높이의 협곡에 세워질

투명한 다리

호남성 장가계(중국)

투명한 다리하면 요즘 유행하는 통유리 고층 빌딩이 연상된다. 하늘을 비추며 반짝이는 통유리 빌딩에 새가 충돌해서 죽는 사고가 끊이지 않고 있다. 하늘이 계속되고 있다고 착각하기 때문이라고 한다. 투명한 다리도 마찬가지일 것이므로 새들에게 미리 심심한 위로를 표한다.

끊어진 다리

¶

프랑스 남부의 프로방스Provence 지방에 위치한 중세 도시 아비뇽Avignon은 정취 있는 역사지구로 세계유산으로 등록되어 있다. 그리고 이 중세 도시의 얼굴이 바로 생베네제Saint Benezet 다리, 통칭 아비뇽 다리Pont d'Avignon이다.

생베네제 다리는 12세기 말에 건축됐다. 전설에 따르면 양치기 소년 베네제Benezet가 론Rhône 강에 다리를 놓으라는 신의 목소리를 들었다고 한다. 베네제는 사제를 찾아갔지만 사제는 상대를 해주기는커녕, 그런 헛소리를 지껄일 것 같으면 기적이라도 일으켜보라며 비웃었다. 이에 베네제는 어른 여러 명이 달라붙어도 들지 못할 것 같은 커다란 바위를 들어 올려 강 옆에 초석으로 턱 하니 놓았다. 이 모습을 보고 사람들은 깜짝 놀랐고, 순식간에 기부금과 일손이 모였다.

8년에 걸쳐서 22개의 아치가 있는 900미터 길이의 거대한 돌다리가 완성됐다. 베네제는 안타깝게도 완공 1년 전에 19살의 젊은 나이로 사망했다. 그는 다리 공사가 진행되는 동안에도 난치병 치유를 비롯한 몇 가지 기적을 일으켰고 로마 교황은 그를 성인으로 인정했다. 하지만 그가 성인으로 인정된 것은 무려 150년 후의 일이었다.

베네제는 교량건설자의 수호성인이 됐다. 프랑스어로 '생Saint'은 '성聖'이므로, '생베네제 다리'는 '성인 베네제의 다리'라는 의미이다. 그런데 현재 생베네제 다리는 기이한 모습을 하고 있다. 강을 찌르듯 튀어나온 다리는 중간에서 뚝 끊어져 있다. 계속되는 전란과 홍수로 붕괴되어 현재는 4개의 아치만이 남은 상태이다. 이것도 무려 17세기 후반부터 계속 이 모습이었다고 한다.

그 긴 시간이 흐르도록 왜 재건하지도 않고 철거하지도 않았을까? 이 다리는 고대 로마의 기술을 전승하여 시멘트를 쓰지 않고 돌을 빈틈없이 쌓아 축조한 다리였기 때문에 복원이 어려웠다. 또 시대가 흐르면서 폭이 5미터도 되지 않는 이 좁은 다리는 어떤 용도로 사용하기에도 부적

합했다.

끊어진 다리는 이쪽과 저쪽을 연결하는 다리의 역할을 전혀 수행하지 못한다. 그럼에도 불구하고 철거하지 않은 것은 신비하고 초현실적인 분위기를 자아내는 경관, 역사적 건축물에 대한 존중, 나아가 세계적으로 유명한 민요 "아비뇽 다리에서 춤을 추어요, 춤을 추어요"의 매력 때문이다. 다리의 이름도 정식명칭인 생베네제 다리보다 통칭인 아비뇽 다리로 더 유명하다. 현재도 유료임에도 불구하고 수많은 관광객이 이 '다리 아닌 다리', '건널 수 없는 다리' 위를 걷고 있다.

그런데 다리 폭이 좁기 때문에다리 위에 위치한 예배당의 가로 폭이 2미터 미만 민요가사에서처럼 "원을 그리며 춤을" 추는 것은 무리이다. 다리의 '위'가 아니라 '아래'에서 춤을 췄을 것으로 추측하는 연구자도 있다. 확실히 다리는 론강의 중앙에 위치한 작은 섬 위를 지나서 건너편으로 이어진다. 다리 아래에 위치한 섬 위에서라면 다리를 올려다보면서 원을 그리며 춤을 출 수 있었을 것이다.

민요를 작사한 사람에 대해서는 알려진 바가 없다. 다양한 버전이 전해지는데 가장 단순하고 아마도 가장 오래된 것으로 추정되는 가사는 "원을 그리며 춤을 추어요" 다음에 다리를 건너는 사람들을 열거하는 가사이다. "남자도 건너요, 여자도 건너요", "사제도 건너요, 병사도 건너요", "술주정뱅이도 건너요, 소년도 건너요"라는 가사로 직업은 사제와 병사밖에 등장하지 않는데, 이것이야말로 아비뇽이라는 마을의 상징이라고 할 수 있다.

아비뇽은 1309년부터 1377년까지 교황청이 설치됐던 종교도시이다. 두꺼운 성벽에 둘러싸인 준엄한 교황궁전이 남아있는데 이곳에서 교황이 7대에 거쳐서 거주했다. 로마 교황이 로마에 살 수 없었던 것은 종교가 프랑스 국왕의 군사지배하에 있었음을 의미한다.

초국가적 존재여야 하는 교황청이 세속의 힘에 압도되어 로마 바티칸에서 아비뇽으로 강제 이주당한 이 시기를 이탈리아 사람들이 안타까움을 담아서 '아비뇽 유수'라고 부른다. 교황청이 머물렀던 아비뇽 유수 시대에 아비뇽은 인구가 일거에 5배로 늘어났을 정도로 번영했다. 그리고 베네제가 성인으로 인정됐던 것은 바로 이 시대이다. 프랑스 출신의 아비뇽 제2대 교황 요한 22세Joannes XXII가 아비뇽 현지에서 성인을 배출하기 위해서 정치적 판단을 내렸던 것으로 추측한다.

론 강에 위치한

생베네제 다리(통칭: 아비뇽 다리)

아비뇽(프랑스)

해몽에서 끊어진 다리는 흉몽으로 본다. 시련과 좌절, 인간관계의 파탄과 쌓아올린 것의 붕괴로 해석하기 때문이다. 하지만 그런 의미와는 상관없이 일본에서는 이런 상태의 다리를 그대로 보존해야 한다고 그 누구도 생각하지 않을 것이다. 타국과의 문화차이를 실감하게 된다.

길이: 920미터 | 폭: 4미터 | 1185년에 완성된 아치형 석조 다리

프랑스
아비뇽

말단 관리의 유령

¶

러시아의 상트페테르부르크Saint Petersburg, 성베드로 마을는 18세기 초반에 표트르Peter 대제가 창건한 도시이다. 도시명은 표트르 대제의 수호성인이자 동명인 성베드로=Petros, =Peter에서 유래한다. 한때 레닌Vladimir Il'ich Lenin을 기념하여 레닌그라드Leningrad로 변경됐었는데 소련 붕괴 이후에 다시 상트페테르부르크로 돌아왔다마을에 정치인의 이름이 붙는 것은 아무리 생각해도 유쾌하지 않은 일이다.

이 지역은 원래 네바Neva강 하구의 습지지대로 외따로 떨어져 있던 한촌에 불과했다. 그런데 강력한 권력을 잡은 표트르는 이곳을 스웨덴을 방어하기 위한 요새로 만드는데 만족하지 않고, '유럽을 향해 열려있는 창구'의 역할을 할 새로운 수도건설을 결의한다. 그리고 약 10년 동안 5만

명의 농노와 노동자를 강제 동원하여 목표를 완수한다.

당시까지 수도였던 모스크바Moskva에서 떠나는 것을 원치 않았던 귀족과 대상인이 저항했지만, 모든 반대에도 불구하고 강력하게 천도를 감행했다. 큰 네바 강과 작은 네바 강, 큰 네후카 강과 작은 네후카 강, 이렇게 4개의 강이 흐르고 수많은 운하가 있으며 300개가 넘는 다리가 있는 이 아름다운 '북쪽의 베네치아'에 사람들은 순식간에 매료됐다. 그때부터 20세기에 다시 모스크바로 천도할 때까지의 200년 동안 정치와 문화의 중심지로 번영한다오늘날도 러시아의 제2 도시이다.

거리를 흐르는 비교적 커다란 운하에 폰탕카Fontanka 강이 있다. 폰탕카 강에는 여러 개의 다리가 있는데 그 중에서 러시아 문학애호가들에게 잘 알려져 있는 것이 카린킨Kalinkin 다리이다. 고골Nikolai Vasilevich Gogol의 소설 '외투Shinel'에 나오기 때문이다.

외투는 로마노프 왕조Romanov dynasty에 어둠이 드리우기 시작한 19세기 중반, 제도노동이 시작된 사회를 배경으로 사회 저변에서 괴로워하는 인간의 분노와 원한을 그린다. 주인공 아카키 아카키예비치 바시마치킨은 관리라고는 하지만 말단 중에서도 말단인 9급 문관으로 문서를 정리하는 소소한 일을 오래도록 해온 사람이었다. 이름에서부터 타인에게 짓밟히는 존재라는 것을 은연중에 알 수 있다. 아카키 아카키예비치는 '소박한 아버지를 가진 소박한 남자'라는 뜻이고, 바시마치킨은 '볼품없는 신발'이라는 뜻이기 때문이다. 그는 쥐꼬리만 한 월급을 받는, 출세할 가망이 전혀 없는 노년에 접어든 남자였다. 외모도 별볼 일이 없어서 결혼도 못 한 독신이었다작가인 고골이 말단관리로 일했던 경험이 있는 만큼, 말단관리업무와 빈곤한 생활상 묘사에 리얼리티가 살아있다.

러시아의 겨울은 지독하다. 유난히 올겨울은 등으로 한기가 스며드는 것을 느낄 수 있었다. 아카키의 외투가 기울 수도 없을 정도로 심하게 해졌기 때문이다. 외투를 새로 맞추는 데는 실로 큰 용기가 필요했지만, 평소보다 더 열심히 절약한 결과로 약간의 목돈을 모아서 새 외투를 살 수 있었다. 이제 관공서의 파리가 아닌 인간으로 인정받을 수 있을 것이라는 생각에 득의양양해진 아카키를 동료들은 반쯤 놀리며 축하해줬다. 인생에서 최고로 경사스러운 날이었다. 그런데 그날 밤, 얼큰하게 취해서 집으로 돌아가는 길에 아카키는 노상강도에게 모처럼 새로 산 외투를 빼앗기게 된다.

하지만 아카키의 불행은 이때부터가 시작이다. 그는 즉시 경찰을 찾아갔지만 경찰은 성실하게 응해주지 않았다. 경찰서장을 거쳐서 유력인사와의 면담을 요구하지만, 어렵게 만난 유력인사는 그를 도와주기는커녕 신분이 낮다는 이유로 그를 바보 취급하고 호통까지 친다.

카프카Franz Kafka였다면 부조리한 관료제 사회를 그렸겠지만, 고골은 주인공의 비참한 삶 그 자체를 러시아적인 쓴웃음으로 표현했다. "우리는 모두 '외투'에서 출발했다"는 도스토예프스키Dostoevsky의 칭송에 고개가 절로 끄덕여진다.

아카키는 실의와 울분과 추위로 앓아누웠지만 간병해줄 사람조차 없었던 그는 맥없이 죽고 만다. 관공서에는 후임자가 임용됐고 그렇게 한순간에 전임자는 잊혀져버리려는 듯했다. 그런데 아카키가 이 세상과 저 세상을 잇는 다리를 건너서 이승으로 돌아온 것이었다. 사람들은 폰탕카 강의 카린킨 다리 근처에서 유령이 된 말단관리의 모습을 반복해서 목격했다.

대체 얼마나 대단한 보복을 하려고 돌아온 걸까열 배로 복수하려는 심산일까? 하지만 이승으로 돌아온 아카키는 살아생전과 다름 없이 궁상맞았다. 단조로운 말단관리업무를 했을 때와 다름없는 성실함으로 한결같이 외투를 빼앗아 갔다. 그러던 어느 날, 아카키 유령은 드디어 목적을 달성한다. 가장 원망했던 바로 그 유력인사를 만난 것이었다. 무덤의 지독한 악취를 풍기며 아카키는 말했다. "아아, 드디어 네놈을 만났구나. 나는 네놈의 외투가 필요하다!" 아카키는 공포에 떠는 유력인사의 외투를 빼앗았고 그 후로 두 번 다시 나타나지 않았다.

폰탕카 강에 위치한

카린킨 다리

상트페테르부르크(러시아)

상트페테르부르크는 '북쪽의 베네치아'라는 말이 어울리는 바다와 강과 운하가 있는 도시로, 300개 이상의 다리를 보유한다. 고골의 '외투'가 없었다면 카린킨이라는 다리의 이름이 세계에 알려지는 일도 없었을 것이다.

제2장

놀라운 이야기

금문교

¶

안개의 도시 샌프란시스코San Francisco에서 관광명소로 유명한 골든게이트 브릿지Golden Gate Bridge, 금문교는 이름과 달리 금색이 아니라 짙은 오렌지색이다. 선명한 오렌지색 다리는 날씨가 좋은 날에는 푸른 바다 위로 투영되고, 일출, 일몰 때는 신비하게 빛나며, 비가 오는 날에는 주홍빛으로 바뀌어 길게 낀 안개 틈새로 강렬한 존재감을 드러낸다.

사람은 적어도 죽을 때만큼은 아름다운 곳에서 죽고 싶다고 생각하는 것 같다. 아르데코풍으로 제작된 이 기다란 현수교는 여유로운 관광객뿐만 아니라 근심을 품은 수많은 자살희망자도 찾는다. 1937년에 개통된 이래로 무려 1,300명 이상이 투신한 것으로 확인됐는데, 미수자와 행방불명자를 포함하면 그 수는 더욱 늘어날 것이다.

투신자살이 계속 이어지자 안전 배리어를 설치해야 한다는 주장이 지속해서 나왔지만 비용문제도 있고, 무엇보다도 현재의 경관을 훼손할 수 없다는 다수의 의견으로 현실화되지 않았다. 대신에 다리 이곳저곳에 '뛰어내리면 살아남을 수 없습니다. 희망을 가지세요. 카운슬러에게 전화하십시오'라는 경고판을 설치했다.

2006년에 금문교를 테마로 한 다큐멘터리 영화 '브릿지The Bridge, 에릭 스틸 감독'가 공개되어 큰 논란을 일으켰다. 기독교도가 가장 금기시하는 자살을 정면으로 다루었고, 자살을 흥행도구로 삼았다는 비판을 받을 만한 장면을 포함하고 있기 때문이다.

1991년, 제작자는 다리 전경을 조망할 수 있는 멀리 떨어진 강기슭에 극비리에 망원카메라를 설치하고 자살자를 촬영했다. 24명의 사람이 뛰어내렸는데 그중에서 신분이 확인된 사람의 유족과 친구, 지인을 인터뷰했다. 자살을 방관한 것은 결코 아니었다. 난간에 발을 올려놓으면 경찰에 통보하기로 규칙을 정해놓고 이를 지켰지만, 미처 손을 쓰지 못한 사람의 투신 장면은 그대로 촬영됐다.

남자가 있었고 여자가 있었으며, 젊은 사람이 있었고 중년과 노인도 있었다. 대부분은 보도를 몇 번이고 반복해서 왔다 갔다 했다. 마음에 깊은 질문을 던지며 머뭇거리고 있는 것으로 보였다. 하지만 그중에는 단순히 산책을 즐기러 나온 사람으로 밖에는 보이지 않았는데, 순식간에 난간을 넘어서 마치 훌쩍 저 세상으로 건너가는 것처럼 뛰어내린 사람도 있었다.

난간 밖으로 몸을 내민 것만으로 사람들에게 제압된 사람도 있었다. 경찰이 우르르 뛰어와서 범죄자를 다루듯 손을 뒤로 꺾고, 수갑을 채우고, 경찰차에 밀어 넣는 장면도 있다. 영화처럼 자살한 사람도 있었다. 젊은 여성들 옆에서 갑자기 난간 위로 올라서더니 뒤돌아서서 검은색 자켓을 휘날리며 떨어졌다. 그는 틀림없이 어떤 드라마틱한 효과를 노렸다. 그리고 목적대로 드라마틱했다. 낙하한다기보다는 그 순간 갑자기 세계가 뒤집어져서, 붉은 다리에서 한 마리의 검은 새가 창공을 향해 날아오르는 것처럼 보였다. 그 모습은 뭐랄까, 애절할 정도로 아름다웠다.

한 생명이 사라졌는데 그렇게 드라마틱하게 촬영하고 있어도 되느냐는 규탄도 당연하다. 하지만 그렇다면 로버트 카파Robert Capa가 스페인 내전 당시에 찍은 유명한 사진, '총탄을 맞고 쓰러진 병사'는 어떤가. 예술표현의 미美와 독毒을 규정하는 것은 실로 어려운 일이라고밖에는 못하겠다.

하지만 이 영화에는 생명력의 신비, 바꿔 말해 '자살에 대한 충고'라고 할 수 있는 장면도 나온다. 생명을 건진 한 젊은이가 '당시'를 되돌아보며 이야기하는 장면이다. 다리 높이는 70미터이다. 최종낙하속도가 시속 120킬로미터에 이르기 때문에 바다에 빠질 때 받게 되는 충격은 콘크리트에 충돌할 때 받는 충격과 같다. 살아남은 것은 그야말로 기적이다. 그는 "뛰어내린 순간, 죽고 싶지 않다는 생각이 들었다"고 했다.

무시무시한 속도로 낙하하면서 청년은 다리부터 떨어지면 살 수 있을지도 모른다는 생각을 했다. 필사적으로 자세를 바꾸려고 노력했고 다행히 양다리부터 물로 떨어질 수 있었다. 신고 있던 두꺼운 부츠도 그를 도왔다. 빛을 의지하며 무아지경으로 헤엄쳐서 해수면으로 올라왔다. 그때 육지로 그를 인도하듯 그의 주변을 바다표범들이 헤엄쳤다고 한다. 그는 "신은 존재한다는 생각이 들었다"고 말했다.

골든게이트 해협에 위치한

금문교

샌프란시스코(미국)

영화 '브릿지'에는 우연히 자살을 목격한 소년의 이야기도 나온다. 소년은 마귀할멈처럼 무서운 아줌마였다고 말했고, 소년의 엄마는 소년이 거짓말을 한다며 그냥 평범한 여성분이었다고 소년의 말을 정정한다. 하지만 소년은 거짓말을 한 것이 아니다. 소년 나름대로 자기 보호본능을 발휘한 것이다. 어디에나 있을 법한 평범한 사람도 갑자기 자살할 수 있다는 현실을 소년이 어린 마음으로 받아들이기 위해서 기억을 왜곡한 것이다.

길이: 2737.4미터 | 폭: 27.4미터 | 1937년에 완성된 강철제 현수교

미국
샌프란시스코

물속에 놓인 다리

¶

다시 한 번 짚고 넘어가겠다. '다리'는 무엇일까. '신명해백과어사전新明解百科語辭典'은 '통행을 위해 강과 호수, 해협과 계곡, 도로와 철도 등의 위에 설치한 양측을 연결하는 구조물'이라고 규정한다. 또 토목용어에서는 '도로, 철도, 수로 등이 장해물의 상공을 지나도록 설치한 가공구조물의 총칭'라고 정의한다. 한마디로 무언가의 '위'에 설치한다는 것이 다리의 일반적인 이미지일 것이다. '신국어사전新國語辭典'의 '강, 계곡, 해협 등을 건너지르기 위해서 통행로를 만드는 것'이라는 정의에는 '위'라는 단어가 나오지 않지만, '건너지르다'의 항목을 찾아보면 '한쪽에서 다른 쪽으로 넘어서다'라고 정의되어 있고, 다시 '넘어서다'의 항목을 찾아보면 '사물의 위를 넘다'라고 되어 있으므로, 역시 다리는 공중에 설치함으로써 '올려다보는 것'이라는 인식이 있음을 알 수 있다.

다리의 정의를 되짚어본 이유는, 놀랄 만한 발상으로 위

가 아닌 아래에 놓인 다리가 최근에 축조됐기 때문이다. '아래로 지나는 것은 터널 아닌가?'하고 생각할지도 모르겠다. 하지만 이것은 터널이 아니다. 터널은 '땅을 뚫어서' 통로를 만든 구조물이기 때문에 당연히 터널 위에는 자연 혹은 인공으로 된 천장이 존재한다. 하지만 이 신기한 다리 위로는 그저 뻥 뚫린 하늘이 있을 뿐이다.

네덜란드 서부의 작은 마을 할스테렌Halsteren에는 스페인 합스부르크Habsburg 가문의 압정에 대항하기 위해서 17세기에 축조한 루버르 요새Fort De Roovere의 유적지가 있다. 그리고 요새 둘레에는 옛날 그대로 지금도 해자가 있다. 본디 해자는 적이 배로 습격하지 못하도록 매우 낮게 만든다. 당시에는 도개교가 설치되어 있었겠지만, 이미 오래전에 훼손됐기 때문에 2011년에 새롭게 다리를 놓았다. 그 다리가 성큰Sunken 다리로, 아마도 현재로서는 세계에서 유일한 해자 바닥에 설치된 다리일 것이다. 성큰 다리는 '가라앉은 다리', 혹은 '물속의 다리'라고 해석할 수 있다.

멀리서 보고 다리라는 것을 눈치채는 사람은 없을 것이다. 다리의 가장 높은 부분이 해자 수면과 같은 높이로 되어있고, 다리의 폭도 두 사람이 겨우 스쳐 지나갈 수 있을 정도로 좁기 때문이다. 만일 어른이 다리를 건너는 모습을 옆에서 본다면 허리 정도 깊이의 해자를 걸어서 건너고 있는 것으로 보일 것이다. 키가 작은 어린이가 다리를 건너는 모습을 본다면 깜짝 놀라고 말 것이다. 목이 수면 위를 떠다니는 것으로 보일 것이기 때문이다.

성큰 다리는 제방에 파묻은 계단을 따라서 내려간다. 그리고 해자 바닥에 다리가 일자로 설치되어 있고, 다시 요새가 있는 건너편 제방을 따라서 올라가는 형태로 되어 있다. 이른바 육교의 위아래를 거꾸로 해놓은 것 같은 형태이다. 물이 흐르지 않는 해자이기 때문에 가능한 것으로, 물이 흐르는 강에는 설치할 수 없는 다리이다.

해자는 수량이 일정하지만 폭우가 내리면 수량이 증가하여 수몰될 가능성도 있다. 하지만 강력한 배수장치를 설비하여 이 문제를 해결했다놀랍지 않은가!. 또 목제 다리이기 때문에 항상 물에 잠겨있으면 부식이 빨리 진행될 가능성도 있었지만, 세균 번식을 방지하는 독자적인 가공법을 개발하여 견고하게 장기간 사용할 수 있도록 했다.

생각해보면 이렇게 손이 많이 가는 기묘한 다리를 설치하는 것보다 평범하게 위쪽에 다리를 설치하는 것이 기술적으로도 훨씬 간단하고 비용도 적게 드는 방법이었을 것이다. 주변 경관을 해치지 않기 위한 방책이었다고 하는데, 이 방법 외에 다른 방법이 없었을 리 없다. 이런 점들로 미루어봤을 때 요새지구복원 프로젝트가 이 유별난 다리를 채택한 가장 큰 이유는 '재미'가 아니었을까.

이 다리는 보기에도 재밌고 건너는 것도 재밌는 다리이다. 물이 흘러들어올지도 모른다는 자그마한 스릴도 함께 즐길 수 있다. 가슴이 설렐 것이다. 있으면 어떨까 하고 머릿속으로 상상이나 해볼 법한 다리이다. 국토의 4분의 1이 해발고도 ○미터 이하인 저지대 국가 네덜란드가 몇 세기에 걸친 물과의 전쟁을 통해서 낳은 엉뚱한 아이디어라고 하겠다.

인간은 호모 사피엔스=지성인인 동시에 호모 루덴스=놀이하는 인간라고 말한 유명한 역사학자 하위징아Johan Huizinga도 네덜란드인이다. 그는 놀이야말로 인간 활동의 본질이며 문화를 창조하는 근원이라고 했는데, 실로 그 말 그대로인 것 같다.

물 '위'에 설치하는 것이라는 고정관념을 깨고 누구도 본 적 없는 다리를 만들어낸 창조과정에는 유쾌한 놀이 정신이 숨 쉬고 있다. 나아가 이 다리를 정당하게 평가한 사람도 멋지지 않은가. 성큰 다리를 설계한 건축사무소

RO&AD는 네덜란드 건축가들이 뽑은 건축상을 수상한 바 있다.

루버르 요새의 해자에 설치된

성큰 다리

할스테렌(네덜란드)

해발고도가 ○미터인 네덜란드는 제방을 쌓아 해안지역을 보호하고 있다(마치 성큰 다리처럼). 오랜 세월에 걸쳐 이룩한 네덜란드의 뛰어난 관개기술 및 운하와 다리의 건설기술 성과는 일찍이 네덜란드령이었던 남미지역에서도 볼 수 있다.

2011년에 완성된 목제 다리

페르시아 왕의 선교船橋

¶

한때 텔레비전 광고에 나왔던 헨델George Frideric Handel의 오페라 '세르세Serse'의 유명한 아리아 '그리운 나무 그늘이여Ombra mai fù'가 크게 인기를 끌었다. 세르세는 기원전 5세기에 페르시아의 왕으로 군림했던 크세르크세스Xerxes를 이탈리아어로 읽은 것이다.

오페라는 시시한 로맨틱 코미디로 크세르크세스의 '영웅'으로서의 면모와 '호색한'으로서의 면모를 생생하게 그리고 있다. 앞서 말한 '그리운 나무 그늘이여'는 제1막에서 왕이 훌륭한 플라타너스 나무를 칭송하며 부르는 노래이다. 원래는 카스트라토거세가수가 배정받는 역할인데 광고에서는 소프라노 가수 캐슬린 배틀Kathleen Battle이 청아한 미성을 들려주었다.

제2막에서는 유명한 선교부교에 관한 에피소드가 나온다. 다리완공식 날에 돌풍이 불어서 다리가 붕괴되는 이야기이다. 크세르크세스 다리가 한 번 붕괴됐던 것은 역사적 사실이다. 기원전 480년에 크세르크세스가 이끈 페르시아 군대는 숙적인 그리스로 대원정제3차 페르시아 전쟁을 감행한다. 이때 폭이 2킬로미터인 헬레스폰투스 해협 Hellespontus, 현 다르다넬스 해협을 극비리에 건너기 위해서 선교를 가교한다. 선교는 바닷물의 흐름에 맞추어 뱃머리를 고정한 여러 척의 작은 배 위에 널빤지를 깔아서 설치하는 임시 다리이다. 비교적 단시간에 완성할 수 있고 또 철거도 용이하기 때문에 오늘날에도 군사 목적으로 자주 설치된다.

다시 페르시아 군대가 헬레스폰투스 해협에 가교한 선교의 이야기로 돌아가겠다. 거친 비바람이 불어 건설 중이던 선교는 산산이 흩어졌고 크세르크세스는 격노했다. 하지만 그가 화를 낸 대상은 다리 건설기술자가 아닌, 바로 해협의 정령이었다. 그는 바다 표면에 채찍 300회의 형신을 가하고, 바닷물 속에 족쇄를 던지라고 명했다. 바다가 휘몰아치는 것을 봉인하기 위해서였다. 과연 고대의 왕이다. 크세르크세스에게 굴복한 해협은 즉시 고요해졌고 새로운 가교 설치는 원만하게 진행됐다.

두 개의 다리가 가교 됐는데 이에 사용된 배는 각각 360척과 314척이었다. 배는 간격을 거의 두지 않고 밀착하여 늘어섰다. 묶는 데 사용된 케이블은 파피루스 섬유와 아마종이와 풀!였다. 조류의 흐름이 막혀서 케이블에 필요 이상의 장력이 걸리지 않도록 일정 간격을 두고 3곳에 틈새를 만들었다. 그 후에 널빤지를 깔고 그 위에 잔디와 흙을 혼합한 반죽을 깔고 꾹꾹 밟아서 단단하게 고정하면 다리 바닥이 완성된다.

다리는 파도에 흔들려서 한 발짝을 내디딜 때마다 불쾌하게 흔들렸고, 다리 바로 옆으로는 드넓은 바다가 펼쳐져 있었다. 말과 낙타가 패닉에 빠지지 않았을까. 틀림없이 반복해서 훈련을 시켰을 것이고 방패와 판자로 눈을 가렸을 것이다. 그렇다고 하더라도 동물을 완벽하게 제어한 그들의 능력은 실로 대단한 것이다. 한 마리라도 흥분하여 날뛰는 날에는 그것으로 끝이기 때문이다. 다리 위는 순식간에 혼란에 빠질 것이고 동물과 함께 병사까지도 바닷속으로 떨어져서 익사하게 될 것이다. 나아가 다리마저도 붕괴될 위험이 있다.

다리를 통과한 총 숫자는 놀랍게도, 병사 25만 명, 말과 가축 7만 5천 마리로, 모두 건너는 데 일주일이나 걸렸다고 한다. 이 정도의 중량에 견딜 수 있는 선교를 만들어내는 페르시아의 뛰어난 가교 기술에 감탄을 금할 수 없다 또한 일주일이라는 시간 동안 전혀 눈치채지 못한 그리스와 당시의 무사태평한 전쟁 방식에도 놀라지 않을 수 없다.

17세기에 영국의 시인 밀턴John Milton이 헬레스폰투스 해협을 건넌 크세르크세스를 다음과 같이 칭송했다.

왕은 미친 듯 거친 파도를
채찍을 휘둘러 복종시키고,
뛰어난 기술로써
선교를 가교했네.

이렇게 크세르크세스는 전쟁사에 남을 작전을 완수해냈지만, 적지에 상륙한 후로는 스파르타의 맹렬한 저항에 시간을 빼앗기게 된다이 테르모필레Thermopyles 전투는 영화 '300 잭 스나이더 감독, 2007년 제작'이 잘 그리고 있다. 그 후 겨우 아테네에 침공하여 아크로폴리스를 모조리 불태우는 데는 성공했지만, 운은 거기에서 끝났다. 수많은 실전경험으로 단련된 그리스 군대가 전쟁을 해전으로 이끌자 크세르크세스는 손도 써보지 못하고 무참하게 참패했다. 어쩔 수 없이 본국으로 도주한 그는 다음 해에 반란군에게 암살된다.

카르타고Carthago의 명장 한니발Hannibal Barca이 떠오른다. 그도 코끼리를 이끌고 눈 덮인 알프스를 넘는, 적군의 의표를 찌르는 군사작전을 펼치는 데는 성공하지만 결과적으로 로마에 패하고 독살됐기 때문이다. 화려한 작전을 성공적으로 펼치는 것과 전쟁을 승리로 이끄는 것은 별개이다.

오페라 '세르세'에 나오는 헬레스폰투스 해협(현 다르다넬스 해협)에 설치된

페르시아 왕의 선교

다르다넬스 해협(터키)

임시로 가교 하는 군사용 선교(군교)는 나폴레옹 시대에도, 히틀러 시대에도 설치했었고, 현재도 분쟁 지역에서 자주 설치한다. 전쟁에서의 다리의 중요성이 자연스럽게 군교의 진화를 가져왔고, 오늘날에는 분해식 철교까지 등장하기에 이르렀다.

브루클린 다리

¶

맨해튼Manhattan 섬과 브루클린Brooklyn 지구를 연결하기 위해서 이스트East 강 위에 세워진 브루클린 다리는 뉴욕의 상징과 같은 존재이다. 네오고딕 양식의 석탑과 하프의 현처럼 가지런하게 늘어선 와이어가 특징적이다밤에 조명이 켜지면 아름답다. 또한 스틸 와이어를 사용한 세계 최초의 현수교이기도 하다. 하지만 무엇보다도 브루클린 다리가 독특하게 느껴지는 것은, 이 다리를 설계한 아버지와 아들이 모두 비운을 맞이했기 때문이다.

다리 설계자 존 로블링John Augustus Roebling은 독일계 이주민이었다. 여러 개의 목교와 현수교식 수도교를 성공적으로 가교한 경력을 바탕으로 브루클린 다리를 맡게 됐다. 설계도를 완성한 1869년에는 아직 프랑스에서 '자유의 여신상'도 도착하지 않은 상태였고, 맨해튼 빌딩도 지금처럼 높지 않았기 때문에 다리는 뉴욕 제일, 즉 미국 제일의 고층건축이 될 예정이었다.

건설 공사가 시작되고 얼마 지나지 않은 어느 날, 63세의 존은 이스트 강 잔교에서 생각에 잠겨있었다. 미래의 다리 모습을 상상하고 있었는지도 모르겠다. 그런데 이때, 다소 믿을 수 없는 사고가 발생한다. 해안으로 접근한 페리가 그의 다리에 부딪힌 것이었다.

처음에 그는 대수롭지 않은 상처라고 생각했다. 누구보다도 본인이 그렇게 생각했기 때문에 병원에서 정식으로 치료를 받지 않았고, 완고하게 민간요법인 물치료그저 상처 부위를 물로 씻는 것를 계속했다. 그런데 상처 부위로 들어간 세균이 원인이 되어 괴저가 발생했고, 그는 3주 만에 목숨을 잃었다. 작가 폴 오스터Paul Auster는 그의 죽음에 대해서 '사람들의 몸이 젖지 않도록 물 위에 다리를 설치하는 데 평생을 바친 사람이, 하필 몸을 물로 적시는 것을 유일하고도 올바른 치료방법이라고 믿다니'라고 썼다유령들Ghosts, 1986.

아버지의 오른팔로 활동했던 장남 워싱턴 로블링Washington Augustus Roebling이 32세의 젊은 나이로 아버지의 뒤를 이었다. 설계도를 개선하며 지칠 줄 모르고 다리 건설에 매진했다. 사람들은 그의 재능이 아버지를 뛰어넘는다고 말했다. 하지만 다음 해인 1870년에 공사현장에서 발생한 화재로 워싱턴이 강바닥에 설치된 케이슨지하구조물을 만드는 데 사용하는 콘크리트제 대형 상자에 갇히는 사고가 발생했다.

당시에는 케이슨병잠수병, 잠함병, 감압병 등으로도 부른다에 관한 지식이 부족했기 때문에, 사람들은 그를 재빨리 끌어올렸다. 순식간에 그는 높은 기압 환경에서 일상적인 기압 환경으로 돌아왔고, 극심한 고통을 겪게 됐다. 혈관 내에 질소 기포가 발생했고 워싱턴은 격심한 통증에 신음했다. 다행히 목숨은 건졌지만 이후로 하반신불수가 됐다.

덧붙여 몇 년 후에 같은 미국에서 케이슨병이 다발하는 사건이 발생한다. 세인트루이스Saint Louis에서 이즈Eads 다리를 건설하던 일꾼들에게 케이슨병이 발생하여, 사망자 15명, 심각한 후유증이 남은 사람이 79명이라는 참사를 기록했다.

워싱턴은 더는 교량 건설현장에 설 수 없었다. 하지만 원통하게 죽음을 맞이한 아버지 때문에라도 자신까지 좌절하고 싶지는 않았다. 그는 다리 옆에 위치한 브루클린 하이츠 꼭대기 층에 거주하면서 매일 망원경으로 공사 진행상황을 보고 지시를 내렸다. 하지만 완성까지는 오랜 시간이 필요했기 때문에, 계속 이런 방식을 고수하며 주변 사람들에게 이해해달라고 할 수는 없었다.

그리고 이때부터가 대단하다. 그에게는 6살 연하의 아내 에밀리Emily Warren Roebling가 있었는데, 죽은 시아버지와 남편의 집념을 계승한 것이다. 브루클린 다리는 처음부터 끝까지 로블링 가문이 만들어낸 작품이어야 한다고 생각했기 때문이다. 에밀리는 독학으로 수학과 교량학을 익히고 남편의 설명과 지시를 완벽하게 자신의 것으로 만들었다. 그리고 여자의 몸으로 발이 닳도록 현장을 방문하고 감독하며 계속 공사를 진행시켰다.

당시는 여성의 사회진출에 제약이 많았던 19세기였다. 특히나 토목분야는 여인을 금기시하는 분야였을 뿐만 아니라 노동자들의 성품도 거칠었다. 하지만 그녀는 거친 노동자를 강력하게 이끄는 한편, 기술자에게는 설득력을 유지했다. 에밀리는 그야말로 뛰어난 여장부였다. 초상화가 남아있는데 넓은 이마를 가진 당당한 여성으로 그려져 있다.

그렇게 13년이 흘렀다. 워싱턴이 직접 지휘한 1년을

포함하여 14년 후인 1883년에 브루클린 다리는 당당하게 완성됐다. 아버지 존이 잔교에 서서 상상했던 다리와 같은 다리일까, 아니면 아버지의 상상을 훨씬 뛰어넘는 다리일까. 아들 워싱턴은 자신의 다리로 다리를 건널 수는 없었겠지만, 자신의 손으로 다리를 세웠다는 자부심은 가질 수 있었을 것이다. 물론 에밀리도 마찬가지였을 것이다.

이스트 강에 위치한

브루클린 다리

뉴욕(미국)

다리가 설치되기 전에 브루클린과 맨해튼 섬을 잇는 교통은 배뿐이었다. 하지만 고딕풍의 당당한 다리가 가교됨으로써 두 곳은 가까워졌다. 아니, 정확하게 말하면 큰 것이 작은 것을 흡수하여, 브루클린이 뉴욕 시 일부로 편입됐다. 당시에는 이를 한탄하는 시민도 많았다고 한다.

길이: 1,834미터 | 폭: 26미터 | 1883년에 완성된 강철제 현수교

암살자의 다리

¶

보스니아 헤르체고비나Bosnia Hercegovina의 수도 사라예보Sarajevo에는 수량이 그리 많지 않은 밀야츠카Miljacka 강이 흐르는데, 이 강에 라틴 다리라는 아치형 석조 다리가 있다. 수수한 모습의 이 다리 옆에서 세계사적으로 유명한 '사라예보 사건'이 발생했다.

1914년 6월 28일 일요일, 날씨는 구름 한 점 없이 쾌청했고 사라예보 거리는 합스부르크 가문의 황위 계승자 프란츠 페르디난트Franz Ferdinand의 환영식으로 인파가 가득했다. 물론 환영하는 사람만 있었던 것은 아니다. 당시에 오스트리아-헝가리 이중제국의 영토였던 이 일대에는 반오스트리아 감정이 쌓여있었기 때문이다. 사람들은 육군 총감으로 임명된 페르디난트를 호전적이라고 생각했기 때문에실제로는 발칸 반도 진출에 소극적이었음에도 불구하고 그를 무척이나 미워했다. 암살계획이 있을지도 모르니 사라예보행을 중지하라고 조언한 측근도 있었다.

그럼에도 그는 사라예보를 방문하여 시내를 오픈카로 퍼레이드 했다. 그가 그런 행보를 한데는 그의 애절한 부부관계가 관련되어 있다. 그날은 때마침 결혼 14주년 기념일이었고 페르디난트는 사랑하는 아내 조피Sophie Chotek와 나란히 앉아서 도로를 향해 손을 흔들고 싶었다. 자국에서는 허용되지 않는 행위였기 때문이다.

보헤미아의 소귀족 출신이었던 조피는 어느 대귀족의 하녀로 일하던 중에 페르디난트를 만났고 열렬한 사랑에 빠지게 됐다. 미래의 합스부르크 가문의 당주와 일개의 하녀라는 너무나도 큰 신분차이가 있었고, 큰아버지인 황제 프란츠 요제프Franz Joseph는 두 사람의 관계를 반대했다. 하지만 몇 년이 지나도록 페르디난트는 사랑을 지켜나갔다. 황제는 할 수 없이 양보하여 두 사람의 결혼을 허락했지만 잊지 않고 조건을 붙였다. 조피를 황족으로 인정하지 않을 것이며 조피가 낳은 아이에게는 황위 계승권이 없다는 조건이었다.

모든 조건을 받아들였고 두 사람은 결혼했다. 두 사람

에게는 3명의 아이가 생겼고 가정은 지극히 행복했다. 하지만 '귀천 결혼'에 대한 비난은 지독했다. 조피는 공식행사에서 남편 옆에 앉을 수 없었을 뿐만 아니라, 항상 모든 귀족이 앉은 말석에 앉아야 했다. 궁정 사람들의 괴롭힘은 집요하게 계속됐다. 과도한 처사에 페르디난트가 황제에게 항의하는 일도 비일비재했다.

사람들이 부도덕한 사람으로 취급하는 아내를 공식석상에 데리고 가고 싶었다. 그것이 페르디난트의 오랜 꿈이었다. 군대 총감으로 참석하는 자리는 오스트리아 밖에서 이루어지는 행사였기 때문에 그녀를 옆자리에 앉히는 것이 가능했다. 그는 이 기회를 놓치지 않고 조피를 기쁘게 해주고 싶었고, 그 자리가 바로 사라예보 퍼레이드 행사였다.

하지만 그 행사는 급진적 민주주의자에게도 기회였다. 부부를 태운 자동차가 밀야츠카 강을 따라서 달리다가 라틴 다리 부근에서 속도를 낮추어 우회전했을 때, 세르비아인 학생 프린시프Gavrilo Princip가 브라우닝 총을 들고 달려들었다. 요원의 다리에 걸린 프린시프는 안쪽을 향해 총을 난사했다.

조피는 즉사했고, 페르디난트는 피투성이가 된 상태

로 그녀를 끌어안고, "조피, 죽지 마시오. 아이들을 위해서라도 죽지 마시오"라고 말했다. 하지만 그도 곧 숨을 거뒀다. 서로 사랑한 두 사람은 함께 죽음을 맞이할 운명이었는지도 모르겠다.

생전에 페르디난트는 아내와 따로 떨어져서 자신만 홀로 합스부르크 가문의 사당에 들어가고 싶지 않다며, 부부가 함께 묻힐 수 있는 묘지를 별도로 준비해두었다고 한다. 하지만 합스부르크 가문의 자존심은 대단했다. 두 사람의 합동 장례식은 마지못해서 인정했지만, 조피는 끝까지 합스부르크 가문의 일원으로 인정하지 않았다. 우습게도 그렇게까지 고귀한 피에 집착했던 합스부르크 가문은 프란츠 요제프 대에서 최후를 맞이한다나카노 교코의 '합스부르크 가문의 12가지 이야기'를 읽어주세요.

그럼 암살자 프린시프는 어떻게 됐을까. 범행 당시에 19살이었기 때문에 사형에 처하지 않고 교도소로 보내졌다. 그는 과도하게 흥분하여 페르디난트와 달리 암살 계획에 없었던 조피까지 살해하는 결과를 초래했다. 그는 자신이 쏜 탄환이 '제1차 세계대전'이라는 지금까지 한 번도 없었던 대전쟁의 방아쇠가 되었음을 알고 있었을까. 하지만 그는 전쟁이 어떻게 종식됐는지는 알지 못한 채, 23살에 결핵으로 감옥에서 죽었다.

그의 이름은 한때 다리 이름으로 사용됐다. 유고슬라비아 시대에 라틴 다리를 프린시프 다리라고 부른 것이다. 하지만 모두가 아는 바와 같이 이 공산주의 국가는 붕괴됐고 그와 함께 다리의 이름도 다시 라틴 다리로 돌아왔다.

밀야츠카 강에 위치한

라틴 다리

사라예보(보스니아 헤르체고비나)

사라예보가 수도인 보스니아 헤르체고비나 연맹을 덮쳤던 '민족정화'의 비극(1992년부터 3년간 지속된 보스니아 분쟁)은 도저히 현대 유럽에서 발생했던 일이라고는 믿을 수 없을 만큼 끔찍했다. 아직도 생생하게 떠오른다.

1799년에 완성된 아치형 석조 다리

나무꾼의 촛불 다리

¶

혈색 좋고 복스러운 둥근 얼굴에 흰 수염을 기르고 강렬하게 시선을 끄는 새빨간 옷을 입은 복부비만형 체형의 노인, 산타클로스는 대체 누구일까. 산타클로스의 모델이 되는 사람은 4세기 소아시아현 터키에 실재했던 니콜라우스Nicolaus 사제이다. 죄 없는 사람들을 구하고 가난한 자에게 자비를 베풀었으며 아이들에게 선물한 것으로 유명하다. 가톨릭교회는 사후에 그를 성인으로 인정했다. '산타클로스'는 성 니콜라우스의 네덜란드어인 '신토聖 크라스'가 변한 것이라고 한다.

네덜란드에는 니콜라우스 기념일인 12월 5일에 선물을 교환하는 풍습이 있는데, 이것이 뉴암스테르담현 뉴욕의 네덜란드계 청교도를 통해서 미국으로 전해졌다. 이 풍습이 크리스마스 축제와 결부되면서 오늘날 산타클로스의 원형이 생겨났고 동시에 의상도 지금과 같이 정해졌다.

눈에 확 띄는 산타클로스의 모습이 미국산이라고 하니 고개가 끄덕여진다. 또, 커다란 주머니에 선물을 가득 담고, 순록이 끄는 하늘을 나는 썰매를 타고 전 세계 어린이의 집을 방문하는 그를, 크리스천이 아니라고 좋아하지 않겠는가. 산타클로스의 인기는 시간이 갈수록 계속해서 높아질 뿐이다.

1927년, 핀란드는 산타클로스의 현 주소가 핀란드 라플란드Lapland 주의 코르바툰투리Korvatunturi라고 발표했다. 이 얼마나 평화로운 시대란 말인가. 산타클로스, 즉 성 니콜라우스는 이미 옛날에 죽은 사람이라고 주장하는 사람도 없었고, 또 '산타클로스는 우리나라 사람이다'라고 주장하는 사람도 없이 산타클로스 핀란드 생존설은 기정사실(?)이 됐다.

그 후 1985년에는 라플란드 주의 주도主都 로바니에미Rovaniemi 시 교외에 '산타클로스 마을'이 완성됐다. 과거에는 군사용 지하 방공호가 있었던 곳이었지만, 지금은 테마파크이다. 이곳에 가면 언제든지 산타클로스를 만날 수 있기 때문에 세계 각국에서 연간 50만 명이 넘는 관광객이 방문하고 있다. 산타클로스 마을 조성은 성공적인 도시 부흥책이었다. 북극에 가까운 엄동의 땅에 위치한 로비니에미 시는 주행정 중심지임에도 불구하고 인구가 겨우 6만 명에 불과했고, 백야와 오로라 외에는 이렇다 할 관광 상품이 없었기 때문이다.

이 산타클로스의 땅 로바니에미와 오로라 관측의 최적지인 오나스바라Ounasvaara 언덕 사이를 흐르는 케미 강Kemijoki에는 '나무꾼의 촛불 다리'가 있다. 1989년에 축조된 오래되지 않은 다리로, 옆에는 나무꾼 동상이 서 있다. 목재 집적지로서 번영했던 시대의 나무꾼을 기리기 위한 다리이다.

다리는 낮에는 색다를 것 없는 평범한 현수교로 보인다. 와이어도 뉴욕의 브루클린 다리와 비교했을 때 많지 않고 길이도 짧아서 지나치게 심플한 인상을 준다. 그런 '나무꾼의 촛불 다리'의 포인트는 바로 우뚝 서 있는 메인 탑이다.

'촛불'이라고 번역한 핀란드어 큔테라kynttilä는 촛불도 아니고 횃불도 아니다. 정확하게는 '화롯불용 장작'을 가리킨다. 나무꾼과 야전 병사가 손쉽게 몸을 덥히거나 물을 끓이는 데 사용하는 직경 20센티미터에 길이 1미터 정도의 침엽수나 자작나무로 된 통나무이다.

사용법은 다음과 같다. 통나무 중심에 깊게 십자모양의 칼집을 낸다. 안쪽에 불쏘시개자작나무 껍질 등를 채우고 불을 붙인다. 그러면 복사열에 인해서 서로 마주 보고 있는 면이 고온으로 유지되고, 동시에 빈틈으로는 신선한 공기가 유입되기 때문에 몇 시간이고 계속 타오른다. 이것을 멀리서 보면 꼭 촛불처럼 보인다. 눈이나 얼음으로 안정감 있게 고정하면 주전자를 올려놓고 물을 끓일 수도 있다. 통나무 아래쪽에는 칼집을 넣지 않기 때문에 자연스럽게 꺼지는 장점까지 있다.

다리의 메인 탑은 이 신기한 '촛불'을 이미지화하여 만들었다. 메인 탑은 밤에 불이 들어오면 거대한 쿤테라가 활활 타오르는 것처럼 보이도록 고안됐다. 특히 온 세상이 눈으로 덮이고 강 대부분이 얼어붙는 겨울에는 붉은 생명의 불꽃처럼 느껴진다. 깊은 숲 속에서 고독하게 일하던 나무꾼들이 쿤테라에서 느꼈던 따스함도 분명 그런 것이리라. 크리스마스에는 환상적으로 아름다운 오로라를 배경으로 새빨간 산타클로스가 썰매를 타고 촛불 다리의 상공 위로 날아갈 것 같다.

케미 강에 위치한

나무꾼의 촛불 다리

로바니에미(핀란드)

일본에서는 실로 다이내믹한 이 통나무 촛불을 '나무꾼의 촛불', '나무 촛불', '그루터기 풍로'라고 부른다. 손쉽게 직접 만들 수도 있고 장작판매소에서 구매할 수도 있다. 하지만 야외에서의 화기사용을 엄격하게 단속하고 있기 때문에 일반적으로 널리 사용하지는 않는다.

길이: 327미터 | 1989년에 완성된 철근 콘크리트제 현수교

로바니에미 해협
핀란드

쌍둥이 빌딩에 놓인 다리

¶

벌써 오래전 이야기이다. 캐나다의 나이아가라폴스Niagara Falls 시에 위치한 호텔 앞에서 수많은 사람이 상공을 손가락질하며 시끄럽게 떠들었다. 슈퍼맨이라도 날아다니고 있는건가 하고 올려다본 상공에서는 빌딩과 빌딩을 연결한 로프 위를 한 남자가 걷고 있었다.

지면보다 창공에 더 가까울 것 같은 높이에서 아무렇지도 않게 걷고 있었다그런 것처럼 보였다. 매일 하는 퍼포먼스라고 하니 안전장치를 했겠지만, 그렇다고 하더라도 발이 미끄러져서 도롱이 벌레처럼 줄에 대롱대롱 매달리게 되는 날에는 누가 어떻게 도울 수 있겠는가. 자력으로 다시 올라갈 수밖에 없지 않을까. 쳐다보는 것만으로도 현기증이 났다.

생각해보면 그것도 다리이다. 다만 특수한 재능의 소유자밖에는 건널 수 없는 위험한 다리, 발의 폭보다도 좁은 다리이다. 균형을 잡기 위한 기다란 봉이 없으면 낙엽처럼 날아갈 수 있는 다리, 건너는 것이 목적이 아니라 구경꾼에게 갈채를 받는 것이 목적인 다리이다.

'맨 온 와이어Man on Wire, 제임스 마쉬 감독, 2008년 제작'라는 다큐멘터리 영화가 있다. 필리프 프티Philippe Petit라는 프랑스인 곡예사가 와이어로 된 다리를 건너는 장면이 압권인 영화이다.

프랑스의 시골 마을 느무르Nemours에 살았던 프티는 10대 때, 뉴욕에 세계에서 가장 높은 쌍둥이 빌딩이 건축될 것이라는 이야기를 듣게 됐다. 세계무역센터의 트윈 타워가 그것이다. 가장 높은 곳의 위치가 528미터, 꼭대기층은 110층으로 411미터 높이에 위치할 것이라고 했다. 그 소식을 들은 후로 나란히 세워질 두 개의 빌딩 사이에 와이어를 설치하고 안전장치 없이 건너는 것이 프티의 꿈이 됐다.

그에게는 천재성이 있었고, 연구, 준비, 연습을 거듭했다. 어느 사이엔가 그의 열정에 그의 애인과 친구들도 폭풍처럼 휩쓸려갔다. 이름도 없는 젊은 외국인이 대도시 뉴욕에서 후원자 없이 게릴라 퍼포먼스를 벌이는 것은 불가능한 일이었다. 신중하게 계획을 세워야 했다.

그로부터 6년의 세월이 흘러서 1973년이 됐다. 트윈타워 완성피로연 직전에 프티는 몇 명의 동료들과 함께 대서양을 건넜다. 위조한 출입증으로 빌딩에 잠입해서 몰래 내부 사진을 찍었고, 어디에 어떤 각도로 와이어를 설치해야 바람의 영향을 최소한으로 할 수 있을지를 비롯한 여러 가지를 검토했다. 도와줄 현지 조력자도 찾은 상태였다.

그러는 사이에 당일이 됐다. 입주 전이라 아직 아무도 없는 빌딩에 몰래 숨어드는 것은 당연히 불법행위였다. 발견되면 즉시 체포될 상황이었다. 퍼포먼스가 성공하더라도 마찬가지로 체포당하게 된다. 그러나 실패하면 즉사가 기다릴 뿐이다.

결과는 놀라운 것이었다. 당시는 오늘날처럼 보안이 엄중하지 않았기 때문에 쌍둥이 빌딩에 각각 쉽사리 불법 침입하는 데 성공할 수 있었다. 밤 동안에 무사히 와이어를 설치했고 해가 뜸과 동시에 프티는 와이어를 건너기 시작했다. 45분이라는 긴 시간 동안 와이어를 왔다 갔다 하는 초절정의 곡예를 펼쳤다.

밑에서는 사람들이 웅성이기 시작했다. 그것은 틀림

없이 새의 깃털로 만든 날개를 등에 달고 하늘을 비상한 이카루스Icarus를 올려다본 고대 그리스인이 느꼈을 경악과 같은 것이었으리라. 이카루스를 신으로 착각할 정도였다.

경찰이 110층까지 올라왔지만 그들조차도 "평생 이런 것은 두 번 다시 못 볼 것이다"라며 감동했다. 그렇지 않았다 하더라도 프티가 스스로 가느다란 다리에서 내려오지 않는 한 체포는 불가능한 상황이었다. 프티는 자신의 능력에 대한 확신으로 가득 차있었고, 진심으로 퍼포먼스를 즐기는 것처럼 보였다. 그는 대단히 만족스러운 모습으로 체포됐다.

스타가 탄생한 순간이었다. 실로 흥미로웠던 점은 프티가 성공을 거두고 유명인이 되자마자 순식간에 미련 없이 애인과 친구들을 버리고 뒤돌아보지 않은 점이었다. 경악을 금치 못할 정도로 배은망덕한 태도였다. 이 다큐멘터리에서는 프티를 지지하며 설계를 성공시키기 위해서 심혈을 기울였던 친구들이 옛일을 떠올리며 예외 없이 감동의 눈물을 흘린 데 반해, 마치 모든 것을 혼자 힘으로 이루어낸 것처럼 우쭐대는 프티의 모습이 대조적이었다. 프티는 새로운 미래를 바라보고 있는 듯했고, 과거의 친구들은 프티에게 모든 에너지를 빼앗긴 것처럼 보였다. '한 장수가 세운 공은 만 명의 군사가 전장에서 죽은 결과이다一將功成萬骨枯'라는 말은 이럴 때 쓰라고 있는 말인 것 같다.

프티 한 사람이 건넜던 와이어 다리는 즉시 철거됐고, 쌍둥이 빌딩도 9·11테러로 소멸했다. 이로써 프티는 전설이 됐다.

영화 '맨 온 와이어'
(제임스 마쉬 감독, 2008년 제작, 영국)

세계무역센터 쌍둥이 빌딩에 걸린 다리

뉴욕(미국)

21세기의 막이 오르면서 쌍둥이 빌딩은 화염에 불타오르며 붕괴됐다. 납치된 두 대의 비행기가 그 원인이었다. 신세기도 지금까지 끝없이 이어져 온 피비린내 나는 역사와 다름없음을 알려주는 충격적인 사건이었다.

史

제3장

역사적 이야기

폰테 베키오
나루토의 독일 다리
고성의 도개교
붕괴된 런던 다리
아름다운 왕비의 다리
요새화된 다리
레마겐 철교
인상파가 그린 퐁네프
다리를 수호하는 도소진

폰테 베키오

¶

이탈리아 북부에 위치한 '꽃의 수도' 피렌체에는 오페라 '자니 스키키Gianni Schicchi, 푸치니 작곡'에도 나오는 아르노Arno 강이 유유히 흐르고 거기에는 8개의 다리가 놓여 있다. 그중에서 가장 유명하며 가장 오래된 것이 폰테 베키오이다폰테는 '다리', 베키오는 '오래되다'는 의미이다.

폰테 베키오의 독특한 형태는 한 번 보면 쉽게 잊을 수 없다. 일본인에게는 다리 위에 건물을 세운다는 발상이 없기 때문이다. 가지런하지 않게 높이가 제각각인 여러 층의 건물이 다리 위에 주르륵 늘어서 있는 폰테 베키오는 마치 동화 속에 나오는 과자로 된 다리처럼 보인다도쿄 디즈니시 DisneySea에 이를 모델로 만든 베키오 다리가 있다.

3개의 아치를 가진 이 석조 다리는 멀리서 조망하면

확실히 강 위에 세워져 있지만, 실제로 건너보면 거리의 뒷골목과 다름없다는 인상을 받게 된다. 32미터 폭의 다리 양쪽에 위치한 금은방과 토산품점을 구경하며 걷다 보면 어느 사이엔가 건너편에 도착해있기 때문이다.

다리는 전란과 강의 범람으로 여러 번에 걸쳐서 재건됐다. 현재의 다리는 14세기 중반에 재건된 것으로 650년 이상의 역사를 가진다. 그런데 가교 초기에는 정육점과 생선가게가 다리 위에서 영업했고, 썩은 고기와 내장을 그대로 강에 버렸기 때문에 악취가 지독했다고 한다. 동화 속 다리라는 이미지와는 거리가 멀었다. 다리 위에서 영업 가능한 가게를 금은방으로 제한한 것은 15~16세기에 피렌체를 꽃피운 그 유명한 메디치Medici 가문이다.

당시에 금융도시였던 피렌체는 겉으로는 공화정을 표방했지만, 실질적으로는 메디치 왕조라고 부를 만한 정치형태를 취했다. 거대한 부를 소유한 메디치 가문이 예술을 옹호함으로써 르네상스라는 거대한 꽃이 화려하게 피어났다. 피렌체라는 도시 하나의 GNP가 영국의 엘리자베스Elizabeth 왕조의 GNP를 상회했다는 설도 있다고 하니 놀라지 않을 수 없다.

하지만 명문일족의 독재를 유쾌하게 생각하지 않는

자도 적지 않았다. 뒤숭숭한 시대였던 만큼 음모발각과 암살미수가 끊이지 않았다. 메디치 가문은 여러 가지 위기회피 방책을 취했는데 그중에서 한 가지 방책이 폰테 베키오와 관련된다.

다리의 한쪽에는 메디치 저택현 피티 궁전, 다른 쪽에는 정부청사현 우피치 미술관가 위치해 있었다. 집에서 나와서 정부청사에서 집무를 봐야했기 때문에 반드시 폰테 베키오를 건너야 했다. 먼저 악취의 원인을 제거하고 화려한 보석의 거리로 변모시켰는데 그것은 사소한 것에 지나지 않았다. 문제는 자객이었다. 도망칠 길이 없는 다리 위에서 자객의 습격을 받는 것은 목숨과 직결되는 문제였다.

그래서 1565년에 메디치 가문의 코시모 1세Cosimo I de' Medici가 화가이며 동시에 건축가였던 바사리Giorgio Vasari에게 특별한 주문을 했다. 한 발짝도 밖으로 나가지 않고 자택에서 정부청사까지 갈 수 있도록 다리 위에 복도를 건설해달라는 것이었다.

땅 위도 아니고 다리 위에, 하물며 이미 수많은 건물이 즐비하게 늘어서 있는 그 위에 복도를 건설해야 하는 기술상의 어려움이 있었지만 바사리는 반년도 되지 않는 시간 안에 완공해냈다. 저택에서 시작되는 좁고 기다란 형태의 터널과도 같은 복도는 다리 초입에서 계단을 따라서 올라간다. 복도는 폰테 베키오 위에 지붕을 맞대고 늘어선 가게의 꼭대기 층 복도를 지나서 건너편으로 이어진다. 거기에서 옆으로 연장된 복도가 정부청사로 들어간다. 길이 1킬로미터의 이 비밀스러운 갈고리 모양의 통로가 '바사리 회랑'이다. 이 복도 덕분에 폰테 베키오에서 습격당하는 일은 없었지만, 우습게도 메디치 가문 자체가 급속도로 쇠퇴해갔다.

세월이 흐른 후에 암살예방용으로 만들어졌던 바사리 회랑은 세계적으로도 희귀한 자화상만을 전시하는 미술 컬렉션실로 사용된다. 조토Giotto di Bondone, 라파엘로Raffaello Santi, 뒤러Albrecht Dürer, 루벤스Peter Paul Rubens, 렘브란트Rembrandt Harmensz, 앵그르Jean-Auguste-Dominique Ingres, 들라크루아Ferdinand Victor Eugène Delacroix, 샤갈Marc Chagall, 후지타 쓰구하루藤田嗣治 등의 자화상을 감상할 수 있다.

프랑스 혁명 때 망명한 여성화가 비제-르브룅Élisabeth Louise Vigée-Le Brun, 마리 앙투아네트의 초상화를 그린 것으로 유명하다도 피렌체에 방문한 것을 기념하여 자화상을 제공했다. 당시에 이미 이 컬렉션에 자화상이 걸리는 것은 화가로서 최고의 영예로운 일이었다. 현재 이곳에서 소장하는 작품의 수가 1,700점 이상이라고 하니 놀라지 않을 수 없다.

하지만 그것보다 더 놀라운 것은 자화상이 발하는 기묘한 열기이다. 어떤 사람은 자기에 도취해 있고, 어떤 사람은 비스듬한 자세를 취하고 있으며, 어떤 사람은 내면을 고백하고, 또 어떤 사람은 '무無'를 드러낸다. 화가가 자신의 모든 기량을 쏟아붓고 자신의 풍모와 인격을 어필하며 "봐 줘, 봐 줘, 나를 좀 봐 줘!"라고 외치고 있으니 다른 초상화보다 강렬한 것은 당연하지만, 관람하는 입장에서는 피곤하기까지 하다.

폰테 베키오의 매력은 이렇게 계속해서 새로운 기능이 추가되어온 점에 있는 것 같다. 통행의 공간에서 상업의 공간으로, 또 정치의 공간에서 마지막으로는 미술의 공간으로 변화를 꾀했다. 어딘지 모르게 이탈리아답다.

아르노 강에 위치한

폰테 베키오

피렌체(이탈리아)

오랜 옛날에 아르노 강 일대는 광대한 습지였다. 강 양측의 대지가 가까워지는 도하점이 현재의 폰테 베키오 주변이다. 가교하기에 가장 적합한 지점이었다고 하겠다.

길이: 84미터 | 폭: 32미터 | 1345년에 재건된 아치형 석조 다리

나루토의 독일 다리

¶

도쿠시마 현德島縣 나루토 시鳴門市에 위치한 짙은 녹음으로 둘러싸인 오아사히코 신사大麻比古神社의 부지 내부에, 마치 그곳만 다른 세계인 것처럼 중세 유럽풍으로 만들어진 아치형 석조 다리가 있다. 길이 9.6미터, 폭 2미터, 높이 3미터의 이 귀여운 다리의 이름은 '독일 다리'이다.

독일에 있던 것을 이설한 것일까. 그렇지 않다. 지금부터 약 1세기 전인 1919년에 나루토에 거주하던 독일인들이 붕괴된 목조다리를 대신하여 3개월 동안 3천 개의 돌을 모아서 만든 다리이다. 그들은 교량 전문가가 아니라, 신사에서 2킬로미터 떨어진 반도포로수용소板東俘虜收容所에 수용되어 있던 독일인 포로들이었다. 그런데 강제동원된 것이 아니라 자발적으로 만든 것이라고 한다.

그들이 왜 다리를 세웠을까? 거기에 하나의 기적 같은 이야기가 숨어있다. 제1차 세계대전 때 체결한 일영동맹에 따라서 일본은 독일에 선전포고를 했다. 당시 독일은 중국의 청도青島를 조차지租借地로 삼고 있었는데, 일본은 그곳을 공격하여 점령했고 약 5천 명의 독일인 포로를 일본 각지로 이송했다. 그중에서 약 1천 명이 1917년부터 1920년까지 3년 동안 반도포로수용소에서 지내게 됐다.

포로수용소 소장은 마츠에 도요히사松江豊壽 육군대령이었다. 그는 처음부터 포로를 인도적으로 대하는 한편 최대한으로 자유를 부여하여 우호 관계를 구축하기로 마음먹었다. 수장의 이 같은 생각은 순식간에 사람들에게 퍼져나갔다. 관리를 담당하는 일본병사들이 포로를 패잔병으로 취급하고 학대하지 않았기 때문에 탈주사건도 거의 발생하지 않았다.

수용소는 하나의 마을처럼 기능했다. 포로들은 자국에서의 직업을 살려서 빵 공장, 맥주 공장, 낙농업, 악기제조업 등을 운영했다. 사진기자를 보유한 신문사까지 있어서 '바라케Baracke, 독일어로 군인 막사라는 의미'라는 신문을 발행했다. 나아가 어학, 스포츠, 연극과 같은 문화 활동도 활발하게 이루어졌고 문화센터처럼 다양한 강좌가 개설되

기도 했다. 특히 '귀가 발달한 민족'인 독일인의 면모가 제대로 발휘된 것은 음악 활동에서였다. 합창단은 물론 여러 개의 오케스트라 팀이 조직됐으며, 콘서트도 100회 이상 개최됐다.

이것만으로도 대단한데 이 수용소의 특이성을 보여주는 것은 바로 포로와 마을 사람들이 교류했다는 점이었다. 나루토 사람들은 독일인에게 친근하게 다가갔고, 서로 물품을 사고파는 경제활동을 했을 뿐만 아니라 적극적으로 서로의 문화를 배우기도 했다. 수용소에서 행해진 강연회 및 콘서트는 마을 전체의 이벤트가 됐다. 베토벤의 '교향곡 9번'의 합창을 처음부터 끝까지 연주와 함께 들은 최초의 아시아인도 나루토 사람들이었다.

더 놀라운 일은 전쟁 종식 후에 벌어졌다. 150명 이상의 독일인이 귀국하지 않고 보유한 기술을 살려서 일본에 머무는 길을 선택한 것이었다. 바움쿠헨으로 유명한 유하임Juchheim Co.,Ltd의 창업자도, 햄·소시지 메이커인 로마이야Lohmeyer Co.,Ltd의 창업자도 반도포로수용소에 수용됐던 독일인이다. 1972년에는 독일과의 우호를 기념하여 '나루토 시 독일관'을 설립하고 당시의 귀중한 자료를 전시했다.

목숨을 걸고 싸우던 전쟁터에서 적군에게 붙잡히면 자유를 박탈당하는 것이 포로생활이다. 그래서 포로는 탈주를 시도함으로써 적에게 피해를 입히고자 한다영화 '대탈주The Great Escape, 존 스터지스 감독'를 보라. 그런 사고방식을 가지고 바라보면 반도포로수용소에서 일어난 일이 얼마나 드문 예인지를 알 수 있을 것이다.

여러 가지 요인이 모두 플러스로 작용했던 것 같다. 먼저 마츠에 소장이 그릇이 큰 인간이기도 했거니와, 그는 과거의 경험으로 적군에게 쫓기는 신세가 얼마나 고통스러운지를 잘 알고 있는 사람이었다. 다음으로는 독일인 포로의 대부분이 징용병이 아닌 지원병으로 교육수준이 전반적으로 높았다는 점이다. 또, 나루토 사람들의 개방성도 특필할 만하다. 포로인 그들을 절대 비하하지 않았으며, 반대로 유럽의 진보한 문명에 대한 존경과 관심을 적극적으로 드러냈다.

또 독일인과 일본인의 성격에는 공통점이 많았다. 성실하고, 규칙을 잘 지키며, 정리정돈을 잘하고, 인내심이 강하며, 단체생활에 잘 적응하고, 깨끗한 것을 좋아한다는 점 등이 그랬다. 관리하는 사람도 관리 받는 사람도 스트레스를 받지 않아도 되는 상황이었던 것이다라틴계 사람이었거나, 현대 일본인이었다면 이렇게 되지 않았을 수도 있다.

다시 독일 다리에 관한 이야기로 돌아가겠다. 지금은 강이 말랐지만 과거에는 반도계곡의 지류가 힘차게 흘렀기 때문에 목조다리는 반복해서 붕괴됐다. 뜻있는 독일인 포로들이 힘을 합쳐서 일본에는 없었던 돌을 쌓는 축조기법으로 튼튼한 다리를 건설했다. 작은 다리이지만 대단히 커다란 일본과 독일의 우호를 상징하는 다리이다.

오아사히코 신사 부지 내부의
반도계곡 지류(현재는 마름)에 세워진

나루토 독일 다리

나루토 시(일본)

저서 '무서운 그림으로 인간을 읽다(나카노 교코 저)'가 TV 프로그램화됐을 때 이 다리가 배경으로 사용됐다. 난치병으로 고통받던 순례자가 성 안토니오(Antonius) 수도원에 가기 위해서 건넜던 다리로 사용됐다. 영상 속에서 제대로 중세 유럽의 한촌에 세워진 자그마한 다리로 보였기 때문에 저자로서 만족스러웠다.

길이: 9.6미터 | 폭: 2미터 | 1919년에 완성된 아치형 석조 다리

고성의 도개교

¶

서양의 성의 출발점은 산성인데 전란이 계속된 중세에 규모가 확대되어 견고한 요새로 변한다. 영주의 권력을 상징하기도 하는 킵keep, 영주의 저택을 중심으로 병사와 다양한 가업에 종사하는 사람들이 거주하는 하나의 커다란 생활공동체를 이루었다.

일반적으로 요새화된 성의 구조는 킵, 신하들의 주거 공간, 예배당, 무기창고, 옥사, 안뜰, 밭, 가축용 막사, 우물 등을 중심으로 담과 석벽을 이중, 삼중으로 쳤고 그 바깥에는 해자를 둘러쳤다. 해자에 반드시 물이 채워져 있었던 것은 아니지만, 땅을 깊이 파놓았기 때문에 성을 공격하려는 적에게는 난관이었다. 또 석조 외벽은 모두 두터웠으며 수직으로 우뚝 솟아있었고, 자그마한 총구와 화살 구멍 이

외에 창문이나 구멍은 없었다. 그리고 망루에는 깃발을 세웠다.

멀리까지 조망하기 위한 망루, 돌출된 형태의 망루, 저수조, 꼭대기 층의 순시로, 돌을 떨어트리기 위한 탑, 종루, 출입을 통제하는 문의 출창, 내리닫이 쇠창살 문을 비롯하여 방어를 위한 다양한 것들을 설치했는데, 그 가운데서도 핵심이 되는 것은 역시 성문이었다.

실제로는 비밀지하통로가 있었다고 하지만, 어쨌든 안팎을 연결하는 유일한 출입구는 성문이었기 때문에 적의 공격에 견딜 수 있을 만큼 견고한가가 성내에 거주하는 사람들의 생사를 좌우했다. 그리고 성문은 때때로 다리를 겸했다.

해자 위를 지나서 성내로 들어올 수 있게 내리는 형태의 다리를 '도개교'라고 한다. 간단한 형태의 도개교는 다리의 한쪽 끝에 경첩을 달고, 반대쪽 끝에 쇠사슬이나 로프를 연결한 다음에 문 안쪽의 도르래로 올렸다 내렸다 한다. 설치하기는 쉽지만 다리를 다 끌어올릴 때까지 시간이 걸리기 때문에 적의 기습을 받을 위험성이 있다. 또한 이 경우에는 다리를 무겁게 만들 수 없기 때문에, 끌어올린 다리가 성문으로서 보호의 역할을 충분히 수행하지 못한다.

그래서 훨씬 중후하고 더욱 방어력이 높은 다리를 만들기 위해서 두꺼운 가동 빔beam, 대들보을 사용하기 시작했다. 빔의 중점을 성벽에 고정하고 바깥쪽에는 쇠사슬로 다리를 매달았고 안쪽에는 추를 올려놓고 도르래에 로프를 연결했다. 적이 나타났을 때 문지기는 로프를 자르기만 하면 됐다. 순식간에 도르래가 돌면서 시소처럼 추가 떨어져 내리면 다리는 재빠르게 올라와서 문으로 변신한다. 동시에 2개의 빔도 올라오므로 외벽에는 빔이 수납될 수 있는 세로 모양의 홈을 미리 마련했다. 구조는 간단하지만 성능은 뛰어나다.

근세에 이르러 성이 궁전으로 바뀌면서 고성의 해자는 매립됐고 도개교는 철거됐다. 하지만 외벽에서 옛 추억을 볼 수 있다. 피비린내 나는 전쟁의 손톱자국처럼 성문 상부에 빔을 수납하는 깊은 세로 홈이 검게 남아있기 때문이다.

그런데 성문을 빠르게 올리기 위해서는 성문이 지나치게 길어서는 안 된다. 해자의 폭이 넓어서 필연적으로 다리의 길이가 길어질 수밖에 없는 경우에는 어떻게 해야 했을까. 해자 중간까지는 보통의 다리를 설치하고, 중간부터 성까지는 도개교를 설치하는 방식이 채택됐다. 반쯤 다리를 건너온 적은 눈앞에서 올라가기 시작한 다리가 결국 성문으로 바뀌는 모습을 발을 동동 구르며 지켜봐야 했을 것이다.

그럼 도개교가 올라가기 전에 적이 문에 도착한 경우에는 어떻게 될까. 이 가능성에 대한 대비책도 착실하게 세워놓았다. 안쪽에 별도의 문을 하나 더 설치하여 적이 두꺼운 성벽문과 안쪽의 별도의 문 사이에 갇힌 쥐가 되도록 설계했다. 이렇게 적이 벽 사이에 갇히면 머리 위에서 날카로운 격자 모양의 쇠창살로 내리누르거나, 혹은 돌이나 뜨거운 물, 창과 분뇨를 쏟아 부었다.

독일 남부의 뷔르템베르크Württemberg에 있는 리히텐슈타인 성Lichtenstein Castle을 예로 들겠다. 눈앞이 아찔해지는 절벽에 세워진 성이었기 때문에 주위를 해자로 둘러칠 필요가 전혀 없다. 성으로 들어가기 위해서는 하나뿐인 다리를 건너야 하는데 그것도 250미터 높이에 있다. 난공불락이라며 안심해도 좋았을 것 같은데 성과 가까운 쪽의 다리마저 도개교로 가공했기 때문에 튀어나와있는 빔을 관찰할 수 있다.

하지만 13세기에 완성된 리히텐슈타인 성은 화려한 에피소드를 전쟁사에 남기고 점차로 전략적 의미를 상실하다가 17세기에는 폐허로 변했다. 그렇다면 어떻게 오늘날 관광명소가 될 수 있었을까. 19세기에 성주의 자손이 당시에 유행했던 인기소설을 읽고 재건했기 때문이다. 독일 낭만파인 하우프Wilhelm Hauff가 쓴 중세기사소설 '리히텐슈타인Lichtenstein'을 읽고 감동한 소유자가 성을 복원했고, 내부 정원에는 하우프의 동상도 세웠다.

리히텐슈타인 성

고성의 도개교

뷔르템베르크(독일)

방어벽이 되어줄 단단한 암반을 가진 바위산에 성을 축성하는 것이 가장 비용을 절감하는 방법이었기 때문에 독일에는 이 같은 산성이 대단히 많다. 입구에 있는 2개의 누문에는 끌어올리는 데 사용하는 빔을 설치한다.

붕괴된 런던 다리

¶

영국의 전승동요집 '마더구스Mother Goose'에 '붕괴된 런던 다리'라는 이야기가 나온다. 다양한 버전이 있는데 대부분은 '런던 다리가 붕괴됐다. 나무와 진흙으로 만든다면 떠내려갈 것이다. 그럼 벽돌과 회반죽으로 만들면 어떨까. 무너질 것이다. 철과 쇠로 만들면 어떨까. 휘어질 것이다. 은과 금으로 만들면 어떨까. 훔쳐갈 것이다. 그러면 돌로 만드는 것이 좋겠다. 돌로 만들면 오래도록 튼튼할 것이다'라는 내용이다.

실제로 런던 다리는 자주 붕괴됐다. 폭우에 의한 홍수, 화재, 전쟁 등으로 적어도 목조다리는 5번이나 재건됐다. 13세기에 튼튼한 석조 다리가 세워졌고, 이것을 계기로 마더구스라는 노래가 만들어진 것으로 추정한다. 반면 훨씬 나중 시대에 노래가 만들어졌을 것이라고 주장하는 입장도 있다. 새롭게 가교된 석조 다리 위로 어느 사이엔가 불법 목조건축물이 즐비하게 늘어섰다. 일찍이 유럽의 모든 다리 위에는 건물이 다닥다닥하게 세워졌다. 점점 고층화되어 7층까지 높아진 건물도 생겼다. 다리인지 골목인지, 그것도 아니면 터널인지 알 수 없는 지경이 된다. 그 정도가 아니라 당시의 도판을 보면 마치 좁고 기다란 마을이 템스강Thames을 가로지르고 있는 것 같은 기묘한 광경을 보인다. 이 상태로 가다가는 금방이라도 붕괴될 것이라는 불안이 '붕괴된다'라는 가사의 유래라는 주장이다.

하지만 런던 석조 다리는 6백 년 이상 유지됐다. 다리 위의 건물들은 빈번하게 화재로 소실됐고 아치형 다리 기둥의 일부도 때때로 무너졌지만, 다리 본체는 주기적인 보강공사로 런던의 명물이 됐다.

다리에는 교회가 있었던 때도 있었다. 하지만 교회는 헨리 8세Henry VIII의 명으로 철거된다. 앤 불린Anne Boleyn과 재혼을 하고 바티칸과의 관계를 청산한 국왕은 영국국교회를 수립하기 위해서 가톨릭교회를 없애버리고 그 자산을 국고로 회수했다. 즉 사유화한 것이다.

다리 오른쪽 교문에는 여러 개의 잘린 목을 창에 꽂아서 세워두었다14세기부터 18세기 초반까지 계속된 이 오싹한 광경은 현대인이 상상할 수 있는 수준을 훨씬 뛰어넘을 것이다. 그중에는 청교도 혁명 당시에 찰스 1세Charles I를 처형했던 크롬웰Oliver Cromwell의 목도 있었다. 병사한 그의 유해는 2년 후에 다시 파헤쳐졌다. 왕정복고 시대에 런던 다리를 장식하기 위해서 이미 백골이 된 그의 유해에서 목을 잘라낸 것이다.

여러 가지 일이 발생하는 동안에도 다리 위의 교통 정체 문제는 계속됐다. 다리 양측의 가게들이 조금씩 중앙부로 공간을 확장해 나오면서 사람도 말도 통행하기 어려운 상황을 연출했다. 450년이나 지난 후에야 결국 다리 위에 있던 건축물은 모조리 철거됐고, 다리는 순수한 다리로서의 모습을 드러냈다. 드디어 사람들은 런던 다리 위에서 넓은 하늘을 올려다볼 수 있게 됐다. 가슴이 뻥 뚫릴 정도로 속이 시원했을 것이다.

그런데 19세기가 되면 또 다른 새로운 문제가 발생한다. 이번 문제는 다리 아래서 일어났다. 수 세기 동안 강에 쓰레기와 분뇨를 버려왔기 때문에 다리 기둥 주변으로 오염물로 만들어진 섬이 형성됐고, 이 때문에 산업혁명으로 풍부해진 물자를 운송하려는 대형선박의 원만한 운행이 어려웠다.

이래서는 안 되겠다며, 1831년에 런던 다리 상류에

화강암으로 새로운 다리를 놓았다. 그리고 완공과 동시에 600살도 더 된 오래된 런던 다리는 해체해버렸다. 도대체 왜 오래된 물건에는 영혼이 깃드는 걸까. 구런던 다리는 이렇게 물러날 수 없다는 듯 예상 밖의 재해를 불러들였다.

재해는 바로 강의 유속이었다. 여러 개의 다리 기둥과 오염물질로 만들어졌던 섬이 자연적인 댐의 역할을 해왔던 것이었다. 그것을 일시에 철거한 결과 템스 강의 급류는 본래의 유속을 되찾았고 신런던 다리를 빠르게 손상시켰다. 결국 신런던 다리는 채 100년도 버티지 못하고 다리를 신축해야 하는 상황을 초래했다. 그리하여 1970년대에 현재의 콘크리트 다리가 원래의 구런던 다리가 있었던 자리에 세워졌다.

다리에도 다리만의 운명이 있다. 이제 곧 '구런던 다리의 저주로?붕괴되겠다'고 판단된 시점에 5개의 아치를 가진 아름다운 화강암제 런던 다리를 매물로 내놓았다. 팔겠다고 생각한 것도 대단하지만, 사겠다는 의사를 표명한 쪽도 대단하다. 사려는 사람이 아무도 없을 것이라고 예상했는데 낙찰받겠다고 딱 한 사람이 손을 들었다. 런던에서 1만킬로미터 떨어진 미국 애리조나 주Arizona의 토지개발업자였다. 그는, 역사가 오래지 않은 미국에는 유럽을 동경하는 마음이 있으므로 런던 다리는 좋은 화젯거리가 될 것으로 생각했다.

다리는 246만 달러에 미국으로 팔려갔다. 안개가 짙은 런던에서 사막이 있는 애리조나로 간 것이다. 하나하나에 번호를 매긴 후에 해체하여 꼼꼼하게 포장한 화강암은 배를 타고 머나먼 대서양을 건넜고, 3년 후에 레이크하바수 Lake Havasu 시의 호수에 재건축됐다. 지금도 애리조나에서 건조한 바람을 맞으며 서 있는 이 다리의 심경은 어떨까.

템스 강에 위치한

런던 다리

런던(영국)

다리 위에 세워진 건물은 시 관리당국이 건축하고 소유하는 것이었다(건물에서 나오는 임대 수익은 상당했다). 그런데 1666년에 발생한 런던 대화재 이후부터는 민간업자가 건설했다는 기록도 있다. 기록에 따르면 임대료는 건물 정면의 폭 1피트당 10실링이며, 임대기간은 65년이라고 한다.

길이: 262미터 | 폭: 32미터 | 1972년에 재건된 콘크리트제 다리

* 그림은 〈1745년의 구런던 다리〉 Joseph Josiah Dodd

아름다운 왕비의 다리

¶

헝가리는 강대한 합스부르크 가문의 지배하에서 오래도록 독립투쟁을 벌여왔다. 그리고 마지막 합스부르크 가문의 군주였던 프란츠 요제프Franz Joseph I 황제 시대에 마침내 오스트리아-헝가리 이중제국이라고 하는 절반의 독립을 쟁취한다.

승리를 거두는데 가장 크게 공헌한 사람은 다름 아닌 프란츠 요제프의 아내인 시시Sissy, 즉 엘리자베트Elisabeth Amalie Eugenie von Wittelsbach였다. 자유를 갈망했던 이 황비는 빈 궁전의 엄격한 분위기를 거부하고 헝가리의 정열적인 기질에 공명했다. 그녀는 헝가리를 사랑하여 제2의 조국으로 여겼으며, 정치에 개입하여 독립으로의 길을 꾀했다.

부다페스트Budapest에서 대관식오스트리아 황제 부부는 헝가리의 왕과 여왕을 겸임이 행해졌고 엘리자베트는 "헝가리의 영원한 연인, 만세!"라며 사람들에게 열광적인 환영을 받았다. 점령자를 이처럼 환영하는 경우는 매우 드물다. 오늘날의 슈퍼모델만큼 뛰어났던 몸매170센티미터, 50킬로그램와 여타를 압도하는 미모역대 최고라고 한다가 인기에 기여한 부분이 많았다.

그로부터 약 30년 후인 1896년에 프란츠 요제프는 헝가리 건국천년기념식에 참석하여 도나우Donau 강에 세워진 새로운 철교에 리벳을 박는 망치의 버튼을 눌렀다. 다리는 황제의 이름을 붙여서 페렌츠 요제프 다리Ferencz József, 헝가리식 발음라고 명명했다. 옅은 녹색이 감도는 중후한 분위기의 격조 있는 다리였다. 다리기둥 위에서는 헝가리의 시조라는 전설의 괴조 투룰Turul이 커다란 날개를 펼치고 있다.

그리고 조금 더 상류로 올라간 지점에 이번에는 황비의 이름을 딴 에르제베트Erzsébet, 마찬가지로 헝가리식 발음 다리가 건설됐다. 아르누보양식의 장식적인 현수교로 엘리자베트처럼 우아한 다리였는데, 완공된 1903년에 황비는 이미 이 세상 사람이 아니었다. 스위스 체재 중에 이탈리아인 무정부주의자가 찌른 칼에 맞고 뜻밖의 죽음을 맞이했다. 황제는 조금 더 오래 살아서 제1차 세계대전 중에 사망했다.

남성적인 페렌츠 요제프 다리와 여성적인 에르제베트 다리는 아름다운 고도 부다페스트와 무척이나 잘 어울리는 한 쌍의 다리였고, 두 사람의 사후에도 한동안 도나우 강을 빛냈다. 흑백사진이 오늘날까지 남아서 지난날을 그리게 한다.

하지만 머지않아 제2차 세계대전이 발발했고 독일군은 당시 부다페스트에 있었던 5개의 다리를 모조리 폭격하여 붕괴시켰다. 황제 부부의 이름이 붙었던 두 다리도 굉음과 함께 도나우 강 속으로 무너져 내렸다.

시간이 흘러 전쟁은 종식됐고 전후복구 작업이 시작됐다. 이때 가장 먼저 복구된 것이 황제의 다리였다. 종전 바로 다음 해에 원래의 모습을 되찾았을 정도로 빠르게 복구됐다. 다만 다시 원래의 이름으로 불리게 되지는 않았다. 헝가리가 왕국에서 공산국가로 변모한 것도 이유이겠으나, 그것보다는 프란츠 요제프를 독재자라며 사람들이 싫어했던 것이 더 큰 이유였다. 사람들은 그의 이름을 입에 담는 것조차 싫어했다. 그리하여 다리는 '자유교'라는 새로운 이름을 갖게 된다.

황비의 다리는 국가 경제의 악화로 재건이 계속 연기되다가 1960년대에 완성됐다. 이 다리의 이름은 예전 그대로 유지됐다. 사후 반세기 이상이 흘렀음에도 엘리자베트의 인기는 식을 줄을 몰랐다. 아니, 21세기를 맞이한 지금도 그녀는 여전히 헝가리인이 사랑하는 '헝가리의 영원한 연인'으로 존재한다. 한 쌍의 다리 가운데서 남편의 이름이 붙었던 다리의 이름은 바뀌었는데, 화려했던 왕조를 떠올리게 하는 에르제베트 다리는 여전히 에르제베트 다리인 채로 남았다.

그런데 황당하게도 정작 중요한 실제 다리의 모습은 완전히 바뀌었다. 클래식한 풍취가 은은하게 감돌았던 에르제베트 다리는 장식을 모두 벗겨낸 '모던'한 다리로 바뀌었다. 폭을 넓히기 위해서였다는 둥, 신공법으로 가교하기 위해서였다는 둥, 근대적인 디자인을 도입하기 위해서였다는 등등 여러 가지 이야기가 있지만, 결국 공산주의 체제하에서의 자본부족이 제일의 원인이었던 것으로 생각된다. 모던이라고 말하면 듣기에는 그럴싸하지만 아무런 멋도 없는 실용만을 중시한 평범한 싸구려 다리는 역사적인 거리의 분위기와 어울리지 않는다. 옆에 서 있는 자유교가 합스부르크의 눈부신 영광을 뽐내는 만큼 더욱 에르제베트 다리의 무미건조함이 애절하게 느껴진다.

하지만 이것 또한 역사의 아이러니가 아닐까. 최신 유행의 고급 의상밖에 몸에 걸치지 않았던 황비의 다리가 대량생산품 그 자체로 변모한 것도 그렇고, 다리의 이름이라고는 하지만 그토록 타국의 자유를 빼앗아온 황제의 다리 이름이 '자유'가 된 것도 그렇다.

도나우 강에 위치한

엘리자베트 황비의 다리(정식명칭: 에르제베트 다리)

부다페스트(헝가리)

에르제베트 다리 공사가 시작됐던 1898년이 바로 엘리자베트가 암살된 해이다. 이 다리로 연결된 페스트 지구에는 엘리자베트 광장이, 부다 지구에는 엘리자베트 동상이 세워져 있어서 그녀의 뿌리 깊은 인기에 놀라게 된다.

길이: 378.6미터 | 폭: 27.1미터 | 1964년에 재건된 강철제 현수교

요새화된 다리

¶

중세의 성이 거북이의 등껍질처럼 방어 우선으로 축조된 견고함 그 자체라는 것에 대해서는 '고성의 도개교'에서 설명했다. 하지만 적의 침입을 막기 위한 장치는 성의 외부에서부터 이미 시작된다. 성으로 이어지는 길은 의도적으로 폭을 좁게 만들어서 적의 기마군이 한 명씩 일렬로 오도록 만들었다. 또, 적이 성에 최대한으로 가깝게 접근했을 때 좌회전을 하도록 길을 커브로 만들어서 적이 몸의 오른쪽을 드러내도록 꾀했다. 몸을 보호하는 방패는 보통 왼쪽 손으로 들기 때문에 적이 몸의 오른쪽을 드러내면 성의 높은 곳에서 적을 활로 쏘아 맞히기가 유리해진다. 나아가 접근전이 벌어질 때를 대비해서 해자를 둘러치고 도개교를 설치했다.

그럼 강 근처의 평지에 위치한 성은 어떻게 했을까? 놀랍게도 다리 자체를 요새화했다고 한다. 합리적이지 않은가.

성의 연장선이라고 할 수 있는 삼엄한 다리를 구태여 건너려는 적은 많지 않다. 독 안에 든 쥐가 되어 죽을 것이 불 보듯이 뻔했기 때문이다. 또한 이러한 다리는 배의 습격에도 방비할 수 있다. 만일의 경우에는 성에서 건너편 육지로 안전하게 도망칠 수 있는 루트로 재빠르게 변하기 때문이다.

이탈리아의 베로나Verona를 예로 들겠다. 시내로는 뱀처럼 구불구불한 아디제Adige 강이 흐른다. 그리고 마침 강이 U자형으로 구부러지는 곳에 14세기 중반의 고성 카스텔 베키오Castelvecchio가 위치한다. 글자 그대로 오래된베키오 성카스텔이다. 실전을 중시하는 용병처럼 남성적이며 위압적인 이 성은 현재 시립박물관으로 사용되고 있다. 과거에 이곳에 살았던 칸그란데 2세Cangrande II della Scala의 기마상과 만테냐Andrea Mantegna의 그림을 감상할 수 있다.

성 주변에는 해자현재는 물이 없음가 있고 성의 정면에는 추억의 도개교가 있으며, 성의 뒤쪽으로 흐르는 아디제 강에는 스칼리제로Scaligero 다리가 설치되어 있다. 성도 다리도 스칼라 가문의 소유로 스칼리제로는 스칼라 일족이라는 의미이다. 스칼라 일족은 14세기에 베로나를 지배했고 황금기를 이룩했다.

스칼리제로 다리는 완벽하게 요새화된 3개의 아치가 있는 다리로, 다리라기보다는 성 일부가 강 건너편까지 이어져 있는 것으로 보인다. 기초부와 아치 주변은 백색 돌로, 다른 부분은 성의 본체와 같은 붉은 벽돌로 만들어져서 용맹한 분위기를 자아낸다. 다리의 바닥 부분도 마찬가지로 흰색을 기본으로 하며 바둑판 모양으로 되어 있다. 양측은 약 4미터 높이의 벽이 계속해서 이어지기 때문에 지붕 없는 터널처럼 보인다. 강을 보기 위해서는 옆벽에 만들어 놓은 발판 위로 올라가서 아래를 내려다보아야 한다.

중세애호가를 사로잡는 매력적인 모습의 이 다리는 사실 제2차 세계대전 당시에 퇴각하던 나치 독일에 폭파당한 적이 있다. 그럼 현재 남아있는 것은 새롭게 재건한 카피인가 하면 꼭 그렇게도 말할 수 없다. 역사건축물을 중시하는 유럽의 재건 방식은 남달랐다. 놀랍게도, 전쟁이 종식된 후에 산산이 흩어져 강바닥에 가라앉은 무수한 돌의 파편을 꼼꼼히 수집하여 거의 옛날 그대로 복원했다고 한다.

옆벽에 설치된 활 쏘는 구멍을 보면 꼭대기 부분이 튤립의 앞부분처럼 '원의 4분의 1조각을 모아놓은 형태'로 되어 있다. 이 모양은 '황제파'를 나타내는 마크로, 스칼라 가문이 스스로 그들의 입장을 표명한 것이다. 반대파인 '교황파'의 마크는 반대로 튀어나와있는 모양이다.

황제파와 교황파에 관한 이야기는 11세기로 거슬러 올라간다. 성직자 서임권을 둘러싸고 신성로마 제국 황제와 바티칸의 로마 교황이 격렬한 싸움을 벌인 것이 발단이었다. 이탈리아의 모든 도시국가는 각각 '황제파귀족, 지주층'와 '교황파대상인층'로 나뉘어서 장기 투쟁에 돌입했고 여러 가지 희비극이 벌어졌다. 쉽게 떠올릴 수 있는 것이 셰익스피어william shakespeare의 '로미오와 줄리엣Romeo and Juliet'이다.

셰익스피어는 한 번도 이탈리아를 방문한 적이 없음에도 베로나를 무대로 하는 이 희곡에서 양측의 대립을 훌륭하게 배경으로 사용했다. 초반에 황제파였던 베로나는 한 번 교황파로 역전됐다가 재차 황제파가 우세해지는 등, 정세 변동이 심했던 지역이었다. 그런 상황에서 로미오 가문은 황제파였고, 줄리엣 가문은 교황파였으니 젊은 두 사람이 제 아무리 서로 사랑한다 하더라도 맺어질 수 있을 리가 없었다. 두 가문은 단순히 사이가 안 좋은 수준이 아니라, 서로 죽여 온 역사를 갖고 있기 때문이다.

로미오와 줄리엣의 실제 모델이 있었다고 한다. 그것

이 사실이라고 하더라도 두 사람이 스칼리제로 다리를 볼 수는 없었을 것이다. 다리가 완성된 것은 반세기 후였는데, 그때까지도 황제파와 교황파는 계속 싸우고 있었기 때문이다. 참으로 안타까운 일이 아닐 수 없다.

아디제 강에 위치한

스칼리제로 다리

베로나(이탈리아)

카스텔베키오는 아디제 강이 흐르는 북쪽에는 스칼리제로 다리를 설치하고, 나머지 3방위에는 해자를 파서 성을 보호했다. 현재 해자는 매립됐지만 그 위를 연결했던 도개교와 빔, 그리고 빔을 수납하기 위해서 벽에 움푹 파놓은 공간은 지금까지도 남아있다.

길이: 120미터 | 1951년에 재건된 돌과 벽돌로 만들어진 다리

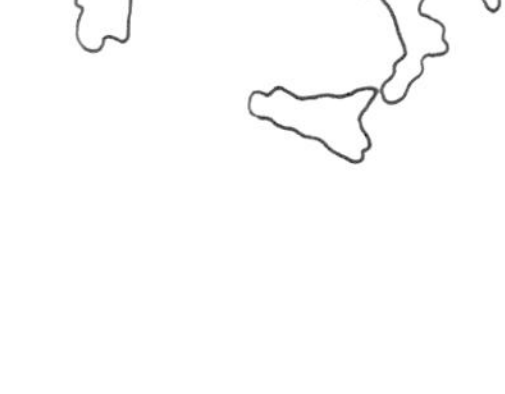

레마겐 철교

¶

라인 강 위에 설치되어 독일의 레마겐Remagen, 본Bonn의 바로 남쪽에 위치 시와 에르펠Erpel 시를 연결하는 다리의 정식명칭은 루덴도르프Ludendorff 다리이다. 하지만 루덴도르프라는 이름보다는 레마겐 철교The Bridge at Remagen = 레마겐 시의 다리로 더 많이 불린다. 제2차 세계대전 당시에 레마겐에서 독일군과 미국군이 다리 쟁탈전을 펼쳤기 때문이다.

이 다리는 전쟁과 참으로 인연이 깊은 것 같다. 제1차 세계대전 때, 서부전선으로 군수를 수송할 목적으로 건축됐다가 제2차 세계대전 중에 붕괴됐다. 다시 재건되지 않아서 오늘날에는 강기슭에 검은색 다리의 대들보 부분만이 음산한 잔해로 남아 있다내부는 1980년부터 평화기념관으로 사용되고 있다.

1944년 6월, 프랑스의 노르망디에 상륙한 연합군은 서서히 전진을 계속해서 프랑스를 해방시키고, 다음 해인 1945년 3월에는 천연의 요새인 라인 강에 도착했다. 독일은 적의 진군을 저지하기 위해서 다리를 제거하기로 하고, 뒤셀도르프의 오버카셀러Oberkasseler 다리와 쾰른의 호엔촐레른Hohenzollern 다리를 차례차례로 폭파했다. 마지막으로 남은 것이 바로 레마겐 철교였고, 독일과 미국의 공격과 방어가 시작됐다.

하지만 이때는 독일이 항복하기까지 겨우 2개월밖에 남지 않은 시점으로, 이미 승패는 명백하게 보이는 상황이었다. 상층부는 어땠는지 모르겠으나, 말단 병사들은 공격하는 측도 방어하는 측도 완전히 지쳐서 눈에 띄게 사기가 떨어진 상태였다. 다리에서 화약이 터졌을 때 예상대로 독일군은 '이제 미군이 건너오지 못하겠구나'라며 기뻐했고, 미군도 무의미하게 죽고 싶지 않았기 때문에 '이제 이 위험한 다리를 건너지 않아도 되겠구나'라며 안심했다고 한다. 하지만 공교롭게도 폭약의 품질이 좋지 않았고 양도 부족했다. 결국 다리는 폭파되지 않았고 미군은 할 수 없이 진군해야 했다.

레마겐에 주둔했던 독일 수비대의 상황은 미국이 상

상하는 것보다 훨씬 형편없었다. 탈영병이 급증하여 인재도 무기도 고갈된 상태였으며, 지휘계통도 극히 혼란한 상황이었다. 미군이 오기 전까지 철교수비지휘관이었던 사람은 브라트게Willi Bratge 대위였는데, 그의 직속 부하는 35명에 불과했으며 그나마도 전선에서 막 돌아온 부상병들이었다. 그 외에 공병중대 120명이 있었지만 그 수도 급격하게 줄어들고 있었다.

탁상에서 보는 수치상으로는 마을에 대공포부대와 국민돌격대 약 500명이 존재했지만, 대부분은 도망갔고 겨우 시민 병사와 노인, 히틀러유겐트와 같이 별 도움이 되지 않는 사람들만 남아있었다. 브라트게 대위부터가 퇴역하고 학교 교사로 근무하던 중에 재소집된 인물이었다.

이러한 현장 상황을 전혀 파악하지 못했던 참모본부는 새로운 지휘관으로 셸러Hans Sheller 소령을 파견했다. 소령은 레마겐에 도착하고 경악한다. 본부에 원군과 폭약반입을 반복해서 긴급 요청했지만 모조리 거절당했다. 그 사이에 미군은 쳐들어왔고 다리는 폭발시켜도 붕괴되지 않았으며 끝에 가서는 통신수단까지도 차단되고 말았다.

어쩔 수 없이 소령은 직접 본부로 회귀하여 다리를 빼앗겼다고 보고했고, 상부는 작전에 실패했다는 이유로 책임을 물으며 그 자리에서 그를 총살했다. 히틀러가 분노할 것을 두려워한 무능한 원수들이 도마뱀의 꼬리를 자른 것이었다. 긴급요청을 거부했던 장군이 책임을 회피하기 위해서 그를 제거한 것이다.

한편 브라트게 대위는 다리에 남아 있다가 미국에 투항했다. 마찬가지로 독일 임시군사재판소에서 사형판결을 받게 됐지만, 포로가 되어 연명하던 중에 전쟁이 종식되어 교사로 복귀하게 된다. 어디에 있었느냐는 작은 차이로 두 사람의 운명이 갈렸다.

레마겐 철교의 운명은 어떻게 됐을까. 두 개의 철로와 보도로 이루어진 이 다리는 앞서 언급한 바와 같이 군사물자 운반용으로 만든 그야말로 튼튼한 다리였다. 첫 번째의 폭파로 중앙에 커다란 구멍이 뚫리기는 했지만 그 외에는 꿈쩍도 하지 않았다. 그 후에 독일군은 잠수공작원을 써서 재차 폭파를 시도하기도 하고 V2 로켓과 초대구경 자동박격포를 투입하여 시도하기도 했지만 모두 실패로 끝났다.

그리하여 '레마겐의 기적'이라고 불리게 된 철교는 미군의 손에 넘어간 바로 다음날로 8천 명의 미군을 건너편 땅으로 데려다 줬고, 연합군이 승리하는데 크게 공헌했다. 미군은 그로부터 10일 후에 손상된 다리를 복구하는 공사에 착수했다. 그런데 갑자기 레마겐 철교가 "전쟁이라면 이제 지긋지긋해. 더는 전쟁에 봉사하고 싶지 않아"라고 말하는 듯이 스스로 무너져 내렸다. 길동무는 독일군이 아닌 미군공병 28명이었다.

라인 강에 위치한

레마겐 철교(정식명칭: 루덴도르프 다리)

레마겐(독일)

할리우드 영화 '레마겐 철교(존 길러먼 감독)'를 통해서 다리 이름을 알게 된 사람도 많을 것이다. 실제로 레마겐 마을은 많이 파괴되지 않았다는 점을 비롯하여 역사적인 사실과 다른 부분이 있고 각색된 부분도 있지만, 에피소드와 등장인물의 묘사가 뛰어난 걸출한 전쟁영화이다.

길이: 325미터 | 1916년에 완성되어 1945년에 붕괴된 아치형 철교

인상파가 그린 퐁네프

¶

파리를 흐르는 센Seine 강에는 다리가 37개나 있다. 그중에서 가장 오래된 다리가 1604년에 완성된 퐁네프Pont Neuf이다. 퐁은 '다리', 네프는 '새롭다'는 뜻이다. '가장 오래된 다리'인데 '신교'라는 이름을 가지고 있다.

퐁네프는 '최초의 석조 다리'였다. 새롭게 세워진 이 석조 다리에 그 어떤 건물도 세우지 못하도록 금했다. 덕분에 다리는 완성된 이후로 한 번도 붕괴되지 않았으며 강물에 휩쓸려가는 일도 없었다. '퐁네프처럼 튼튼하다'는 말이 생길 정도였다.

또 폭이 22미터로 당시로서는 획기적으로 넓었으며 마차로와 보도가 분리되어 있었기 때문에 시원한 개방감을 느낄 수 있었을 것이다. 단순히 건너편으로 건너가는

데 사용됐을 뿐만 아니라, 약속장소, 휴식의 공간으로서 퐁네프는 거리의 랜드마크가 됐다. 그러자 거리의 악사가 등장했고 허가를 받은 노점장수가 장사하기 시작했다. 퐁네프가 점차로 여타의 다리와 비슷해지기 시작하자 다시금 금지령이 떨어졌다.

파리지엔와 파리지엔느가 사랑한 퐁네프가 세워지는 데는 여러 어려움이 있었다. 프랑스는 경제발전을 도모하기 위해서 센 강 중류에 있는 시테 섬을 중심으로 두 지역을 연결하고자 했다. 앙리 3세Henri III가 공사에 착수했지만, 시민들은 거액의 건설비용이 부담스럽다며 반대를 하고 나섰다.

반대를 무릅쓰고 공사를 강행하는 중에 가톨릭과 프로테스탄트에 의해 국내 종교분쟁이 발생했는데, 이 분쟁으로 앙리 3세가 암살된다. 덕분에 건설은 중단됐고 결국 다음 보위에 오른 앙리 4세가 가교를 계속해나간다. 역대 왕 중에서 인기 서열 1, 2위를 다투는 앙리 4세는 종교분쟁을 일단 진정시키고 사유재산을 투자하여 퐁네프 건설을 속행했다. 착공부터 준공까지 걸린 시간은 약 30년이었다. 하지만 앙리 4세도 다리가 완공되고 6년 만에 암살된다.

시간이 흘러서 19세기가 되면 모네Claude Monet를 비롯한 인상파의 시대가 도래한다. 나폴레옹 3세Napoleon III가 진행한 파리 대개조계획이 완성 단계에 접어든 시기이다. 하수도가 정비됐고 가로수가 늘어선 대로의 가로등이 밤을 밝게 밝혔다. 두 명의 앙리 시대에 뒤숭숭한 빈민가였던 퐁네프 주변도 근대적인 아름다운 거리로 바뀌었다. 환경이 변화되자 사람들은 더는 왕을 원치 않았고 나폴레옹 3세는 어쩔 수 없이 망명을 떠나야 했다. 화려하게 변화한 이 도시는 공화제를 선택했다.

새롭게 태어난 파리의 활기는 올림픽을 맞이한 올림픽 개최국을 상상한다면 쉽게 이해할 수 있을 것이다. 건설 러시와 고도성장으로 사람들은 흥분했고 미래는 눈부시게 보였다. 그리고 당시의 상황은 인상파의 그림에 오롯이 담겼다.

퐁네프도 자주 화제가 됐다. 르누아르Pierre-Auguste Renoir와 피사로Camille Pissarro가 각각 왼쪽과 오른쪽 기슭의 높은 곳에 올라가서 퐁네프를 조망하며 그린 그림이 있다. 르누아르의 작품에는 시테 섬과 강변에 있는 앙리 4세의 기마상이 담겨있다. 한편 피사로는 반대편에 있는 백화점이라는 새로운 형태의 '꿈의 가게'를 그렸다. 두 사람의 그림은 모두 생생한 기쁨으로 넘쳐난다. 구름 한 점 없는 창공은 따뜻한 기운으로 넘쳐나며 다리 위에서는 사람들의 떠드는 소리가 들리는 듯하다.

'종일 여기에 있다 보면, 백마는 물론 매춘부와 수도사가 지나가는 것까지도 볼 수 있다'라는 노랫말처럼 퐁네프를 지나는 파리의 모든 계층의 모습을 생생하게 그려냈다. 훌륭한 네 마리의 말이 이끄는 마차의 덮개를 올리고 신사와 귀부인이 호화로운 모습을 뽐내며 천천히 지나간다. 유행하는 캉캉모자를 쓰고 담배를 피우며 걷는 보헤미안 스타일의 젊은이도 있으며, 산업혁명으로 경량화된 양산을 쓰고 한껏 멋을 낸 노동자계급의 여성도 있다. 짐을 짊어진 남자, 짐수레를 미는 농부, 어린이를 산책시키는 여자 가정교사, 경관, 수녀, 개…….

하지만 무엇보다 눈에 띄는 것은 할 일 없이 난간에 몸을 기대고 센 강을 내려다보거나 행인을 구경하는 많은 사람이다. 퐁네프는 매춘부와 손님이 만나기도 하고 지인을 만나기도 하며, 풋풋했던 첫사랑과 마주칠 수도 있는 만남의 장이었다.

바로 앞 시대였던 절대왕정 시대와 비교하면 계급 차와 경제적 격차가 크게 줄었고, 임금노동자들에게도 여유가 생기면서 가난한 사람도 가난한 사람 나름대로 장래를 낙관했다. 인상파 화가들에게도 마찬가지였다. 이제 종교와 신화와 웅대한 역사를 주제로 삼는 것은 고루한 일이 됐다. 그들은 지금 이곳에 사는 자신과 같은 사람과 번화한 퐁네프로 상징되는 이 사회, 점진적인 호황으로 유지되는 이 사회를 밝은 색채로 칭송했다.

흥미로운 점은 대부분의 인상파 화가는 에펠 탑을 그리지 않았다는 점이다. 프랑스 혁명 100주년을 기념하여 1889년에 건축한 이 기념비가 파리에 어울리지도 않으며 아름답지도 않다고 느꼈기 때문이다. 피사로는 '볼 만한 가치도 없는 것'이라고 폄하했다. 나중에 퐁네프 대신에 에펠 탑이 파리의 랜드마크가 될 것이라고는 그들 중 누구도 상상하지 못했을 것이다. 수직으로 높은 것이 아니라 다리처럼 수평으로 긴 것이 인상파의 취향이었던 것이다. 확실히 후자가 인간 평등을 중시하는 공화주의에 더 어울리는 것 같다.

센 강에 위치한

퐁네프

파리(프랑스)

중세에는 다리 위에 건물(주거 겸용 상점)이 세워지는 것이 상식이었는데, 퐁네프에는 그 어떤 건물도 없었다는 신선함이 있다. 또한 보도가 있는 최초 다리였다. 다리 양측에 차도보다 높은 보도가 설치됐고, 이것만으로도 마차와 부딪치는 교통사고가 크게 줄었다고 한다.

길이: 238미터 | 폭: 22미터 | 1604년에 완성된 아치형 석조 다리

다리를 수호하는 도소진

¶

일본에서는 길가나 다리 끝에 소박한 비석이나 석상이 세워져 있는 경우가 많다. 그 지역의 도소진道祖神이다. 사찰의 경내에서 귀중하게 보존되는 불상과 달리, 비바람을 맞으며 야외에 서 있기 때문에 깨진 곳도 있고 이끼도 끼어있다. 하지만 그것은 그것 나름대로 풍취가 있다.

불교와 함께 일본에 전해진 중국 고래의 여인수호旅人守護 신앙이 예부터 일본에 있던 사이노카미塞神신앙과 융합되어 도소진이 생겨난 것으로 본다. '사이塞'는 '막는다', '저지한다'는 의미로 마물과 재앙이 들어오는 것을 막는, 즉 결계를 의미한다.

마을 경계와 사거리, 그리고 다리 옆에 도소진을 두는 이유도 그런 의미에서이다. 왜냐하면 마을 경계는 우리의 생활권이 끝나는 지점이고 그 건너편으로는 정체를 알 수 없는 타자가 사는 세계가 펼쳐진다. 언제 그 경계를 넘어서 이해할 수 없는 무언가가 침입해올지 알 수 없는 일이다.

사거리도 마찬가지이다. 길이 십자가 모양으로 교차하는 사거리는 교통의 요충지이기 때문에 수많은 사람이 모여든다. 현실적이며 육체적인 위험이 증가하는 장소인 동시에 이 세상에 속하지 않는 것이 넘어올 수 있는 경계의 장소이다. 갈림길은 미혹迷惑이 발생하는 장소이다유럽에서는 마녀와 흡혈귀와 중죄인을 사거리에 묻었다. 사거리에서 길을 잃고 현세로 돌아오지 못하기를 바랐기 때문이다.

다음으로 다리이다. 다리는 본래 서로 상관없이 떨어져 있던 두 개의 세계, 즉 이질적인 세계를 강제적이며 인공적인 방법으로 연결하는 장치이다. 다리는 자신이 건너고 싶을 때만 건널 수 있는 편리한 물건이 아니다. 이쪽에서 저쪽으로 건너갈 수 있는 동시에, 저쪽에서도 마음대로 이쪽으로 건너올 수 있다. 극악무도한 사람보다 더 두려운 악귀와 재액災厄, 귀신과 역병까지도 건너올 수 있다. 즉 다리 옆에 있는 도소진은 다리 자체를 지키는 신이 아니다. 다리가 아니라 다리를 건너오는 사악한 것을 감시하고, 저지하며, 내쫓기 위해서 그곳에 있는 것이다.

먼 옛날에는 농민 대부분이 평생 자신이 태어난 마을에 속박되어 살았다. 기껏해야 옆 마을과 교류하는 정도였다. 마을을 나가는 것은 멀리 시집가게 됐을 때, 혹은 마을 대표로 이세 신궁에 참배하러 가는 꿈이 운 좋게 이루어졌을 때를 제외하고는 거의 없었다. 기근이 발생한 경우를 제외하면, 마을 공동체는 누에고치처럼 그 안에 있는 사람들을 보호해주는 역할을 수행했다. 사람들에게는 마을에 '속박되어 있다'는 의식조차 없었을 것이다.

다리, 그중에서도 특히 강이 자연스럽게 마을의 경계 역할을 해주는 상황에서 놓는 다리는, 틀림없이 자신을 보호해주는 누에고치에 스스로 구멍을 뚫는 듯한 불안을 느끼게 하는 행위였을 것이다. 다리의 편리성을 얻는 동시에 마을 사람들은 재액이 침입할지도 모른다는 두려움을 느껴야 했다. 그래서 안심감을 얻기 위해서 도소진을 세운 것이다. 그리고 그 앞을 지날 때면 걸음을 멈추고, 때로는 꽃을 봉납하며 몸을 조아리고 '부디 이 마을을 지켜주세요'라고 온 마음을 다해 기도를 올렸다.

처음에 신은 사람의 손을 타지 않은 자연 그대로의 돌이었다. 돌은 변하지 않는다는 영원성 때문에 신의 힘을 상징했기 때문이다. 시간이 흐르면서 미를 추구하는 인간은 돌을 조각하기 시작했고 돌은 신상다운 형태를 갖추어갔다. 사이노카미 중에서 특히 사람들이 좋아하는 것은 '부부 도소진'이었다. 남녀가 서로 기대고 있는 모습을 하거나, 혹은 에로틱하게 결합한 남녀결합상의 모습을 한다.

농경민족에서 널리 볼 수 있는 생식기 신앙의 영향이다. 성행위 자체가 오곡의 풍요를 의미하며 부정을 쫓는 힘을 갖고 있다는 신앙이다. 다리를 건너오는 다른 세계의 존재를 남녀결합상으로 쫓으려 한 옛사람의 사고방식을 오늘날의 젊은이는 웃기다고 생각할지도 모르겠다. 그런 걸로 쫓을 수 있는 악귀라면 대단한 악귀도 아닐 것이라고 생각할 것이다.

하지만 절대 그렇지 않다. 불타오르는 에로스의 파워는 삶의 에너지 그 자체이기 때문이다. 그래서 사람들은 성행위에 금줄에도 뒤지지 않는 결계의 힘이 내재한다고 믿었다. 그렇지 않다면 어떻게 문학과 미술을 비롯한 모든 예술에 에로스가 이토록 깊숙이 뿌리내렸겠는가.

하지만 진지한 기도도 욕망으로 확장되는 것이 세상일이다. 부부 도소진의 외형으로 말미암아, 도소진에 기도하여 얻을 수 있는 영험함은 좋은 인연과 부부 원만, 순산과 자손 번창으로까지 확장됐다.

일본에서는 현재도 다리 완공식에 세 쌍의 노인부부, 혹은 한 집안 사람인 세 쌍의 삼대 부부를 선발하여 제일 처음으로 다리를 건너게 하는 의식을 행한다. 장수한 노인에게 좋은 영향을 받아서 다리가 오래가길 기원함과 동시에 부부 도소진에 담긴 에로스 파워까지도 얻으려는 중첩적인 의미가 담긴 의식이다.

부부 도소진

길과 다리를 수호하는 도소진은 특히 일본의 관동(關東) 지방과 고신에츠(甲信越) 지방에서 자주 볼 수 있다. 반면 개척자의 땅인 홋카이도(北海道)에서는 혼슈(本州)와 일찍부터 교류가 있었던 하코다테(函館)에만 드물게 목격될 뿐으로, 도소진에 기원하는 풍습이 뿌리 깊지 않다.

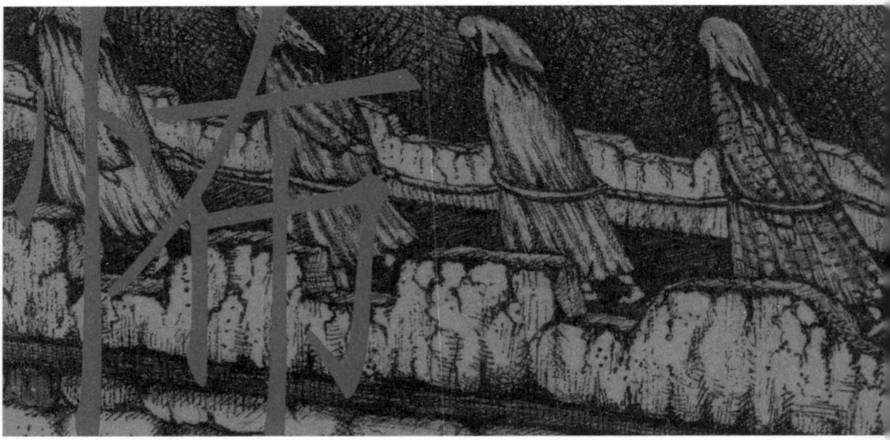
怖

제4장

무서운 이야기

유배자가 건너는 다리
젊은 괴테가 건넜던 다리
지옥으로 가는 다리
앙투아네트는 건널 수 없는 다리
그림동화의 「노래 부르는 뼈」
테이 철도교
기원의 다리

유배자가 건너는 다리

¶

모스크바Moskva에서 남쪽으로 약 300킬로미터 떨어진 곳에 위치하는 므첸스크Mtsensk 군에서 살인사건이 발생하여 남녀 두 사람이 체포됐다. 두 사람은 채찍 형벌을 받은 후에 시베리아 유배 판결을 받았다.

당시는 아직 철도가 개통되지 않은 19세기 중반이었다. 각지의 죄수는 한곳으로 집결하여 커다란 집단이 되면 몇 개월에 걸쳐서 극한의 땅 시베리아까지 열을 맞추어 걸어갔다. 시베리아로 가는 길은 수많은 사상자가 속출하는 가혹한 길이었다. 므첸스크에서 검거된 두 사람은 연인 사이였는데, 도중에 여자에게 질린 남자의 마음이 미모의 죄수에게로 옮겨가게 된다.

일행이 볼가Volga 강에 놓인 이름도 없는 다리에 당도

했을 때였다. 여자는 갑자기 연적인 미모의 죄수를 몸으로 들이받았고, 그녀 자신도 얼어붙은 급류 속으로 몸을 던졌다. 사람들은 일순간 술렁였지만, 곧 다시 깊은 체념의 상태로 돌아갔고, 아무 일도 없었던 것처럼 고개를 숙이고 계속해서 걸어갔다. 이것은 쇼스타코비치Dmitri Shostakovich의 오페라 '므첸스크의 맥베스 부인Lady Macbeth of Mtsensk District'의 마지막 장이다.

어둡고 절망적인 이야기가 다이내믹한 오케스트레이션과 함께 거친 파도처럼 전개된다. 1934년에 레닌그라드Leningrad, 현 상트페테르부르크에서 초연된 이 오페라는 국내외에서 절찬을 받았고, 쇼스타코비치는 소비에트의 걸출한 젊은 작곡가로 반석의 지위에 올랐다.

하지만 1년 반 후에 충격적인 일이 발생한다. 뒤늦게 공연을 본 스탈린Joseph Stalin이 분노를 드러냈기 때문이다. 곧 공산당 중앙기관지인 '프라우다Pravda'는 '음악이 아닌 혼란'이라며 규탄했고, 정부소속 비평가들도 '지독하게 상스럽고 부르주아적'이라고 입을 모았기 때문에 오페라는 결국 상연금지처분이 된다.

쇼스타코비치는 다른 예술가처럼 자살하거나 망명하지 않았다. 모국에 머물렀고 쏟아지는 공식적인 비판 속에서 막대한 수의 작품을 창작했다. 하지만 교향곡과 피아노곡, 영화음악과 희곡이었지, 구상하고 있던 '므첸스크의 맥베스 부인' 관련 3부작이 아니었다. 두 번 다시 새로운 오페라는 작곡하지 않았다. 그런 그의 모습은 제거되어 다리에서 떨어져 내린 동료의 모습을 보고도 걷던 길을 묵묵히 계속해서 걸어갔던 유배자들의 모습에 비유됐다. 대체 스탈린은 오페라의 어느 대목에서 위험을 감지했던 것일까. 이야기는 이랬다.

시골의 큰 상인이었던 이즈마일로프Izmailov 가문의 며느리 카테리나Katerina Lvovna Izmailova는 갈 곳 없는 그녀의 넘치는 생명력에 고통받고 있었다. 강압적인 그녀의 시아버지 보리스Boris Timofeyevich Izmailov가 모든 권력을 쥐고 가족과 하인과 농노를 지배했기 때문이다. 남편은 무력했을 뿐만 아니라 아이를 낳을 능력도 없었다. 하지만 보리스는 아이를 낳지 못한다며 그녀를 매일 책망했다. 나중에는 아들에게 그럴 능력이 없다면 자신이 대신하겠다며 카테리나의 침실로 밀고 들어오려 했다.

그때 새로운 하인 세르게이Sergei가 등장한다. 그의 남성적인 매력에 포로가 된 카테리나는 미운 시아버지 보리스를 독버섯으로 죽이고, 이어서 남편까지 세르게이와 작당하여 살해한다. 하지만 범행은 곧 탄로 났고 두 사람은 체포됐다. 그녀의 불행은 여기에서 끝나지 않았다. 유배형을 선고받고 시베리아로 가던 중에 세르게이에게 배신을 당했기 때문이다.

한 명의 여성이 파멸되어 가는 이야기이다. 놀랄 정도로 빠른 음악의 템포와 경쟁이라도 하듯 히로인 카테리나는 빠르게 떨어지고, 떨어지고, 떨어지다가, 끝내는 다리에서도 떨어진다.

카테리나의 추락은 본인의 책임이라기보다는 억압적인 이즈마일로프 가문이라는 환경이 원인이 아닐까. 이즈마일로프 가문은 사회주의국가인 소비에트를 가리키는 것이 아닐까. 마음껏 권력을 휘두르는 시아버지 보리스는 국가 최고권력자를 상징하는 것이 아닐까. '뼈를 뿌린 시베리아 길이여, 피가 키우고 죽음의 비명소리가 채색한 길이여'라는 늙은 포로의 노래도 정부에 대한 비판이 아닐까. 이런 의혹을 받게 된 '맥베스 부인'이 스탈린 지배하에서 금지처분을 받게 되는 것은 필연적인 것이었다.

머나먼 시베리아에 이르도록 유배자는 몇 개의 다리를 건넜을까. 다리 하나를 건널 때마다 절망은 어둡고 깊고 무거워졌을 것이다. 이름도 없는 다리의 이곳저곳에서 카테리나와 같은 여성과 정치적으로 희생된 자들이 통곡하는 소리가 지금도 들리는 듯하다.

오페라 '므첸스크의 맥베스 부인'에 나오는

유배인이 건너는 다리

오페라의 히로인이 시베리아로 갔던 시기와 같은 시기에 도스토예프스키(Fyodor Mikhailovich Dostoevskii)도 정치범으로 시베리아 유배형을 받았다(같은 다리를 건넜을까?). 유배생활이 끝남과 동시에 병역에 동원됐기 때문에 그는 10년 이상을 자유를 누리지 못했다. 지병인 간질이 악화되어 페테르부르크로 돌아온 것은 1859년이었다.

젊은 괴테가 건넜던 다리

¶

독일에는 프랑크푸르트라는 이름의 도시가 두 개 있다. 정식으로는 프랑크푸르트 암 마인Frankfurt am Main, 인구 약 69만 명, 구서독과 프랑크푸르트 안 데어 오데르Frankfurt an der Oder, 인구 약 6만 명, 구동독이다. 각각 마인Main 강과 오데르Oder 강 옆에 위치한다.

추상명사까지 포함하여 삼라만상을 나타내는 모든 독일어 명사에는 '성별'이 있다. 남성, 여성, 중성의 3개의 성으로 분류되며, 성을 모르면 관사를 붙일 수가 없다. 강에도 성이 있어서 마인 강은 남성명사이고 오데르 강은 여성명사이다. 그래서 하나에는 '암'이, 다른 하나에는 '안 데어'라는 전치사와 관사가 붙은 것이다. 까다로운 언어가 아닐 수 없다. 덧붙여 독일인은 일본인에게 허락도 구하지 않고 일본의 도네 강利根川을 멋대로 남성명사로 규정했다도네 강의 다른 이름이 반도타로坂東太郎이고, 일본에서 타로가 남자의 이름으로 쓰인다는 점에 근거해서 그런 것이었겠지만. 따라서 일본에서 여자아이의 이름에 자주 사용되는 '시子'가 들어있는 쵸시 시銚子市는 '쵸시 안 데어'가 된다.

그건 그렇고, 프랑크푸르트 암 마인은 문호 괴테가 태어난 고향으로 그가 다정다감했던 소년 시절을 보낸 도시이다. 자서전 '시와 진실Dichtung und Wahrheit'에서 마인 강에 놓인 다리를 묘사하고 있다. 그는 자서전을 통해서 그곳을 산책하는 것을 가장 좋아한다고 말했다. 또, '다리의 길이하며, 듬직한 느낌하며, 아름다운 외관하며, 정말이지 당당한 건축물이다', '다리 중앙에 있는 십자가 위에서 금계가 햇빛을 받고 반짝일 때면 예외 없이 나는 환희에 전율한다'라고 기록했다.

닭 모양의 장식물이 금색으로 칠해진 것은 괴테가 첫 번째 생일을 맞이했던 1750년이었다. 이 시점에서 이미 프랑크푸르트에서 가장 오래된 다리였다. 13세기 초에 처음 가교 됐지만 여러 차례에 걸쳐서 붕괴되고 재건하고를 반복했고, 괴테가 걸었던 다리는 1342년에 재건된 다리였다. 붉은 사암으로 만들어졌으며 3개의 높은 교탑탑의 입구 및 다리기둥 위에 세워진 탑과 문을 가진 길이 265미터의 다리였다.

괴테는 이 다리를 '대교'라고 기록했지만 오늘날에는 알테 브뤼케Alte Brücke, 오래된 다리라고 불린다. 이 다리는 유감스럽게도 10번도 넘게 재건됐고, 중세는커녕 괴테의 시대를 느끼게 하는 그 어떤 것도 남아있지 않다.

소년 괴테가 다리 위에서 본 것은 금계만이 아니었다. '누구든 지나가는 사람은 교탑을 올려다봤다. 두개골이 보였기 때문이다'라는 글이 있기 때문이다. 약 150년 전에 효수한 범인의 머리 4개 가운데 하나는 해골 상태로 현재까지 남아있다나머지는 강으로 떨어진 것 같다.

유명한 '페트밀히 반란'은 도시귀족에게 시민이 분노를 표명한 사건이다. 잡화점을 운영하던 페트밀히Vincenz Fettmilch를 중심으로 결집한 시민이 과거의 이권을 포기하지 않고 계속해서 단물을 빨아 먹는 시참사회원 33명을 사임시키고, 그들과 결탁하여 공금을 자본금으로 시민에게 고리대금을 한 유대인을 시외로 추방시켰다. 그 과정에서 유혈사태가 발생한 것은 당연한 일이었다.

결과는 비참했다. 페트밀히를 필두로 하는 주모자 6명이 지독한 고문을 받은 끝에 공개 처형된 것이었다. 모두가 볼 수 있도록 4명의 머리를 못에 걸어서 교탑에 매달았다. 그들 외에 반란에 가담하여 추방형, 혹은 벌금형을 받은 사람이 2,000명을 넘었다. 당시의 프랑크푸르트의 인구가 약 20,000명이었으므로, 주민의 10% 이상이 압제와 부정에 저항의 목소리를 높였던 것이다.

괴테는 그들을 동정하며 '그들은 결국 미래의 시정을 개선하기 위해서 희생됐다'라고 썼다. 마치 페트밀히가 저주라도 내린 듯이 페트밀히가 처형된 바로 다음 해에 '30년 전쟁'이 발발했고 독일 전역은 전쟁터가 됐다. 이 종교전쟁으로 유럽의 국가 중에서 독일이 후진국이라는 사실이 분명하게 드러났다. 격전지가 된 프랑크푸르트에서도 강을 중앙에 두고 전투가 벌어졌다. 겨우 적군을 쫓아냈지만 거리에는 농촌에서 올라온 피난민으로 넘쳐났고, 기아가 만연했으며 흑사병이 맹위를 떨쳤다. 시체가 산처럼 쌓였다.

전쟁 속에서도 다리는 붕괴되지 않았고 매달려있던 머리도 그대로 남았다. 새의 공격을 받기도 하고 비를 맞기도 하면서 천천히 썩어갔다. 그리고 텅 빈 흰색의 해골이 되어 눈 아래에서 펼쳐지는 참상을 오래도록 지켜봤다.

Helaba

마인 강에 위치한

알테 브뤼케

프랑크푸르트 암 마인(독일)

프랑크푸르트는 세계최대급의 공항을 보유한 국제금융도시이다. 괴테 시대에 '당당한 건축물'이었던 다리도 오늘날에는 고층빌딩에 압도되어 전혀 눈에 들어오지 않는다.

길이: 237.4미터 | 폭: 19.5미터 | 1965년에 재건된 강교

지옥으로 가는 다리

¶

플랑드르Flandre의 천재 화가 피터르 브뤼헐Pieter Brueghel de Oude의 작품 '악녀 흐릿Dulle Griet, 1562년 제작'에는 지옥의 강에 세워진 이름 없는 작은 다리가 그려져 있다. 그 다리 위에서 두건을 쓰고 앞치마를 두른 농촌의 여인들이 가래와 부지깽이를 휘두르며 기괴한 모습의 괴물을 상대로 용맹하게 싸운다.

흐릿은 순교했다는 전설상의 성녀 마가렛Margaret에서 유래한다플랑드르어로는 마흐릿. 드래곤으로 변신한 악마에서 도망친 성녀라 하여 한때 널리 신앙됐다. 그러던 것이 '강인한 여장부'라는 의미로 변했고, 플랑드르의 민간전승과 희극에서는 난폭하고 신경질적이며 남편을 마음대로 휘두르고 잔소리를 꽥꽥하는 여성으로 그려지게 됐다. 16세기에 쓰인 시에 '그녀는 지옥에서 약탈하고도 상처 하나 없이 돌아왔다'라는 구절이 있는데, 브뤼헐이 이 구절을 그린 것으로 추정한다.

그림 중앙에 크게 그려진 흐릿은 초점 없는 눈을 하고 머리카락을 휘날리고 있는 박력이 넘치는 중년 여성이다. 지극히 소박한 평상복 위에 단단한 갑옷을 입고 투구를 썼다. 오른손으로는 긴 검을 들고, 왼손으로는 소쿠리와 철 냄비, 산처럼 그득한 전리품항아리와 접시, 프라이팬을 가득 담은 주머니를 들고 있다. 겨드랑이에는 보물 상자를 꼈으며 목에는 훔친 목걸이를 걸고 있다. 그녀는 진즉 혼자서 다리를 건넌 상태이다. 이대로 상처 하나 없이 현세로 돌아오려는 듯하다. 주변에서 일어나는 일에는 전혀 관심을 보이지 않는다.

뒤쪽은 불바다이다. 플랑드르의 평범한 거리 풍경이 흐릿의 왜곡된 정신으로 인해서 점차로 악마적인 세계로 변모해 가는 것 같다. 집은 하나같이 붕괴됐으며 도처에 기괴한 생명체로 우글거린다. 몸통도 없이 거꾸로 걷고 있는 하반신 인간, 양서류와 파충류 괴물, 얼굴과 가느다란 팔다리가 붙어 있는 나무통 마물, 인간을 한입에 삼키는 거대물고기, 석벽 요괴 등등, 무서운 듯 유머러스한 생명

체들이다.

전투를 벌이고 있는 여성들은 흐릿을 거울로 삼고 있음에 틀림없다. 철 냄비를 머리에 쓰고 뭔지 알 수 없지만 무거워 보이는 전리품을 가슴에 끌어안고 흐릿의 뒤를 따라서 다리를 다 건너온 여성도 있다. 하지만 대부분은 아직 전투 중이다. '악마를 쿠션 위에서 포박할 정도의 여자'라는 속담을 실천하고자 악마를 꽉꽉 밟아서 금줄로 포박하는 여성도 있고, 지금 막 손도끼로 마물의 숨통을 끊으려 하는 여성도 있다. 다리를 건너려는 그녀들을 저지하고자 창으로 무장하고 나타난 지옥의 주민을 그녀들은 두려움 없이 마주한다.

교탑 입구는 이미 물건을 훔친 여성과 이제부터 훔쳐가려는 여성으로 혼잡하다. 탑 위에서는 배를 젊어진 거인이 항문에서 스푼으로 돈을 긁어내고 있다. 아래쪽에 있는 농촌 여인들은 앞을 다투며 서로 받으려고 한다. 만족할 만큼 획득하면 흐릿과 마찬가지로 뒤도 돌아보지 않고 집으로 돌아갈 것이다.

인간이라면 이계로 통하는 다리를 두려워해야 하는 것이 보통인데, 그녀들은 전혀 두려워하지 않는다. 그녀들은 스스로의 의지로 다리를 건넌다. 그리고 이계는커녕 지욕도 두려워하지 않으며 갖고자 하는 것을 결연히 쟁취하려고 한다.

이 그림은 르네상스 초기의 여성이 얼마나 씩씩했는가를 표현하고자 한 것일까. 확실히 당시의 기록에는 남성에게 순종하지 않는 '죄 많은 여성'이 증가하는 세태에 대한 한탄이 담겨있다. 서민 여성만 그랬던 것이 아니다. 잉글랜드에서는 엘리자베스 1세Elizabeth I가 여왕이 됐으며, 프랑스에서는 카트린 드 메디치Catherine de Médicis가 실질적인 지배자가 된다. 플랑드르에서도 이 작품이 완성되기 직전까지 펠리페 2세의 이복 누나인 마르가리타 데 오스트리아Margarita de Austria가 총독으로 군림했다.

한편 정반대의 사실을 말해주는 기록도 있다. 중세에는 그 이전 시대에 가능했던 여성의 상거래 참여와 의료행위가 금지됐다. 마녀재판에 회부된 것도 여성이 대부분이었다. 낙태방법을 가르쳐줬다는 이유와 산파였다는 이유만으로, 혹은 약초를 재배했다는 이유만으로 수많은 여성이 화형에 처해졌다. 여성이 자립적으로 살 수 있는 방법이 줄었고, 이 시기에 여성은 제도적으로 남성에게 의지하지 않고는 살아갈 수 없었다.

이런 연유로 응축될 대로 응축된 여성의 에너지가, 이

번에는 압력솥이 폭발하듯이 맹렬한 파괴력을 갖게 되는 것은 당연한 일이 아니었을까. 흐릿은 단순한 '힘센 여성'이 아닐지도 모른다. 그림 속 여성들의 눈빛이 말해주는 것처럼 제정신으로는 살 수 없기 때문에 무서운 줄 모르고 날뛰게 된 것이 아닐까. 또, 어쩌면 이 세계 전부가 그녀들의 망상의 산물인지도 모르겠다. 잇달아 다리를 건너 현세로 돌아온 그녀들 중에는 이단심판소와 감옥, 바보배로 가게 된 사람도 적지 않을 것이다.

피터르 브뤼헐 '악녀 흐릿'
마이어 판 덴 베르흐 미술관
안트베르펜(벨기에), 1562년 작
조로아스터교에는 친바트 다리(Chinvat, 심판자의 다리)라는 사고방식이 있다. 사람은 죽으면 이 다리를 건너게 되는데 선인은 어려움 없이 건널 수 있다. 한편 악인이 건너려고 하면 순식간에 칼날처럼 얇아져서 지옥으로 떨어트린다고 한다.

앙투아네트는 건널 수 없는 다리

¶

파리에서 북동쪽으로 약 230킬로미터 떨어진 곳에 아르곤 바렌Varennes-en-Argonne이 있다. 벨기에 국경 근처에 위치하며 인구는 700명이 채 되지 않는다. 조용한 시골 마을로 특별히 이렇다 할 만한 산업도 관광자원도 없기 때문에 세계사적인 사건이 발생했던 장소라고는 믿기 어렵다. 마을 중앙으로 자그마한 엘 강이 흘렀고 그 위에 평범한 작은 다리가 있었다. 바로 바렌Varennes 다리였다. 이 다리는 마리 앙투아네트Maria Antonia Anna Josepha Joanna는 건널 수 없었던 원통함이 서려 있는 다리이다. 만일 이 다리를 건넜다면 교수형에 처해지지 않았을지도 모를, 운명의 다리였다.

1789년에 촉발된 프랑스 혁명으로 루이 16세Louis XVI 일가는 베르사유Versailles 궁전에서 파리의 튈르리Palais des Tuileries 궁전으로 이궁하여 혁명파의 감시를 받았다. 하지만 이때까지만 해도 아직 국민 대다수가 왕과 혁명을 양립 가능한 것이라고 생각했기 때문에 영국처럼 입헌군주제로 원만하게 이행될 가능성도 충분히 있었다.

하지만 루이와 그의 왕비 마리 앙투아네트는 신이 왕권을 부여했다는 왕권신수설에 집착하며 계속해서 절대군주제를 고집했다. 그리하여 2년 후인, 1791년 초여름에 왕족은 파리탈출을 결의했고, 망명길에 올랐다.

결과적으로 '바렌 사건'이 비참한 실패로 끝났기 때문에 혁명파는 그들을 비웃었고 애초에 계획 자체가 엉성한 날림 계획이었다고 혹평했지만, 꼭 그렇게 볼 수는 없을 것 같다. 엄중한 경계 속에서 서로 다른 방에 있었던 왕과 왕비, 왕의 딸과 왕의 누나, 왕자, 그리고 보모 이렇게 총 여섯 명을 궁전에서 빼내어 파리를 탈출했던 것만으로도 도망 주모자 페르젠Hans Axel von Fersen의 실력은 뛰어났다고 판단된다.

여섯 명을 태운 대형 베를린 마차가 화려한 것을 좋아하는 마리 앙투아네트의 요청에 따라서 마치 쓸데없이 프런트를 길게 만든 캐딜락처럼 시선을 모았기 때문에 들통나는 것은 당연한 일이었다고 지적하지만, 실제로는 그 어떤 역참에서도 의심받지 않았다. 부유한 귀족이라면 누구나 소유할 법한 대형마차였기 때문이다.

페르젠은 망명길에서 크게 난관이 두 번 있을 것으로 예상했다. 첫 번째 난관은 왕궁에서 탈출할 때였고, 두 번째 난관은 도망 루트의 후반부에 있는 샬롱 역참이었다. 샬롱 역참은 혁명급진파인 자코뱅파Jacobin의 소굴이었기 때문에 그곳까지는 국왕군의 호위 없이 가기로 했다. 또한 여권을 위조하여 장기 여행을 하는 러시아 귀족으로 가장하기로 했다. 대신에 다음번 역참부터는 역참마다 일정의 분대를 대기시켜서, 최종적으로는 병사 수백 명의 보호를 받으며 바렌을 통과할 계획이었다.

예상했던 두 번의 난관은 무사히 통과할 수 있었다. 그렇다면 어떤 문제가 발생하여 벽촌인 바렌당시 인구는 겨우 100명에서 발각된 것일까. 왜 다리를 건너지 못하고 체포되는 상황을 맞이해야 했는가. 그 원인도 두 가지였다. 하나는 루이 16세가 첫 번째 역참에 페르젠을 두고 갔기 때문이다. 마리 앙투아네트의 애인이었던 이 스웨덴 귀족에 대한 질투도 있었겠지만, 그것보다는 외국인의 손에 이끌려서 도망쳤다는 소문이 날 것을 꺼린 것이 더 큰 이유였을 것이다. 페르젠은 당시의 상황에 대해서 '왕이 원치 않았다'라고만 기록했다. 그리고 자신이 곁에 있었다면 성공했으리라며 '6월 20일, 나는 왜 그녀를 위해서 죽지 않았는가'라고 반복해서 한탄했다불가사의한 인연의 실에 이끌려서 후년에 그도 6월 20일에 스톡홀름에서 암살된다.

또 하나의 원인은 제대로 방심한 왕가 사람들이 유람하는 기분에 빠져서 여유를 즐겼기 때문이다. 숲에서 피크닉을 즐긴 탓에 그들은 분대와 만나기로 약속한 장소에 5시간이나 늦게 도착하고 말았다. 자신들이 올 때까지 기다리는 것이 신하의 당연한 본분이라고 생각했겠지만, 병사들은 진작 마을 농민들에게 의심을 받고 쫓겨난 상태였다. 게다가 이들이 도망친 것을 눈치채고 왕궁추격대가 바로 코앞까지 추격해온 상태였다. 추격대는 왕을 추격하는 동시에 왕이 망명했다는 소문을 퍼트렸기 때문에 사람들은 앞서 통과한 대형 베를린 마차를 의심하기 시작했다.

하다못해 한 시간만 일찍 도착했더라도 사정은 완전히 달라지지 않았을까. 왕가는 보위군의 호위를 받으며 당당히 바렌 다리를 건넜을 것이다. 다리 건너편에서 거대 규모의 충실한 군대가 왕을 기다리고 있었기 때문이다.

하지만 한밤중에 마을에 도착했을 때는 상처 입은 털짐승처럼 지친 상황이었고, 단 한 명의 병사도 없는 무방비상태였다. 자코뱅파인 역참장 드루에Jean-Baptiste Drouet

가 먼저 도착해서 기다리고 있다는 사실도 알지 못했다. 드루에는 왕의 탈주로를 봉쇄하기 위해서 자는 마을 사람을 깨워서 바렌 다리에 바리케이드 역할을 할 수 있는 나무통이며, 수레와 가구를 산처럼 쌓도록 했다. 강을 건너기도 전에 사람들이 일행을 마차에서 끌어내렸기 때문에, 앙투아네트를 비롯한 왕족 일행은 다리를 건너기는커녕 끝내 다리를 보지조차 못했다. 역사에 '만일'은 없지만, 그래도 만약에 조금만 더 서둘렀다면 어떻게 됐을까.

엘 강에 위치한

바렌 다리

아르곤 바렌(프랑스)

당시의 신문에 게재됐던 이 판화는 역사적 사실과는 차이가 있다. 왕가 일행이 다리 한복판에서 자코뱅파에게 저지당하기 때문이다. 하지만 이편이 드라마틱하게 보이기는 한다.

그림동화의 '노래 부르는 뼈'

¶

독일의 언어학자이자 문헌학자인 그림 형제가 면밀한 조사를 거쳐서 민간전설을 수집하고 기록한 것이 '어린이와 가정을 위한 동화Kinder-und Hausmärchen', 통칭 '그림동화'이다. 원시적 잔혹함을 내포하는 이야기도 다수 포함하고 있는데 그중에서 비교적 유명한 것이 '노래 부르는 뼈'이다.

어느 나라에서 거대한 멧돼지가 날뛰어 사람들을 공포에 빠트렸다. 이에 왕은 멧돼지를 퇴치하는 자는 자신의 유일한 딸인 공주와 결혼시키겠다고 방을 붙였다. 이는 곧 차기 국왕의 자리를 주겠다는 약속이었다.

가난한 형제가 나와서 이름을 대고 서둘러 숲으로 향했다. 하지만 형은 숲의 입구에 있는 술집으로 들어가 버렸고, 마음씨 착한 동생만이 두려움 없이 숲으로 들어갔다. 그러자 신기한 난쟁이가 나타나서 창을 건넸고 동생은 그 창으로 멧돼지를 무찔렀다.

동생이 멧돼지를 둘러메고 술집 앞을 지나는 모습을 보고 형은 술 한 잔을 권했다. 나쁜 속셈이 있다는 것을 눈치채지 못한 동생은 저녁때까지 술집에서 술을 마셨고, 밤이 되어서야 형과 함께 성으로 향했다. 성으로 가는 길목에는 작은 강이 있었고 그 위에는 다리가 하나 있었다. 그리고 그 다리의 정중앙에 다다랐을 때였다. 형은 동생의 머리를 내리쳤고 동생은 그대로 죽었다. 형은 사체를 다리 밑에 묻고 자신이 세운 공적인 것처럼 멧돼지를 왕에게 헌상하고 공주와 결혼했다.

그 후로 오랜 시간이 흘렀다. 어느 날 한 명의 목동이 다리 위를 지나가다가 문득 아래를 내려다보았다. 그는 모래 속에 자그마한 하얀 뼈가 있는 것을 발견했고 피리를 만들면 딱 좋겠다고 생각했다. 그리고 둥글게 깎아서 만든 뼈 피리를 입에 댄 순간이었다. 피리는 "형이 나를 죽이고 멧돼지와 신부를 빼앗아 갔네"라며 저절로 노래를 부르기 시작했다.

깜짝 놀란 목동은 성으로 뛰어가서 왕에게 피리를 보

였다. 피리는 다시금 똑같은 노래를 불렀고 왕은 다리 밑을 파도록 명했다. 다리 밑에서 나온 해골 사체를 보고 형이 아무런 변명도 하지 못하자, 그를 산채로 커다란 주머니에 넣어서 그대로 물속으로 빠트렸다.

카인Cain과 아벨Abel과 흡사한 질투 어린 형제 살인에 관한 처참한 이야기이다. 악행은 결국 드러났고 악인은 처벌을 받았지만, 그저 슬픔이 남았을 뿐 그 누구도 구원받지 못했다. 죽은 자가 살아서 돌아온 것도 아니고, 살인자가 참회한 것도 아니다. 왕의 분노도 식지 않고, 남편을 잃은 공주의 마음은 고통 받는다.

형은 동생을 살해하고, 모래 속에 묻힌 사체가 백골이 되는 긴 세월 동안 희희낙락하며 인생을 즐겼을 것이다. 이전 신분에서는 결코 맛볼 수 없었을 사치와 아름다운 왕비, 그리고 사람들의 존경을 비롯한 모든 것을 남김없이 맛봤을 것이다. 망설임 없이 악행을 자행하고 아무런 양심의 가책도 느끼지 못하는 인간으로 인해 주변 사람들은 깊은 상처를 받는다. 설령 그 사람이 제거된다고 해도 상처는 치유되지는 않는다. 동생의 새하얀 뼈는 어떤 소리와 어떤 멜로디로 노래했을까. 분노와 원한으로 가득한 음색이었을까, 아니면 그저 한탄과 슬픔으로 흘러넘치는 음색이었을까.

살인이 다리 위에서 행해졌다는 점을 통해서 사람들이 무의식적으로 가지고 있는 다리에 대한 이미지를 엿볼 수 있다. 다리는 두 개의 세계를 연결하는 공간이다. 이 이야기로 설명하자면 빈곤이 풍요로 바뀌고, 사회 최하위층에서 최상위층으로 변하게 되는 곳이다. 다리를 건넌 형은 꿈같은 현실을 손에 넣었다. 하지만 다리 가운데서 살해된 동생은 앞으로 나아갈 수도 없고 뒤로 물러설 수도 없게 된다.

마찬가지로 다리는 이승과 저승을 잇는 공간이기도 하다참고로 동생을 살해한 '땅거미가 질 때'도 마찬가지로 이승과 저승의 경계가 사라지는 시간대이다. 다리에 못 박힌 동생의 영혼은 황천으로 떠나지도 못한 채 다리 곁을 떠돌며 특수한 힘의 소유자이 이야기에서는 목동가 자신을 발견해주기를 기다렸다.

서로 다른 세계를 연결하는 다리의 특성으로 인해 다리는 언제나 위험이 도사리는 공간이며 희생양이 될 수 있는 공간으로 존재한다. 그래서 다리에서는 드라마가 발생하는 것이고 이를 사람은 무의식중에 느끼는 것이다.

이 '노래 부르는 뼈'를 바탕으로 구스타프 말러Gustav Mahler가 칸타타=교향곡 '탄식의 노래Das klagende Lied'를 만들었다. 다만 그림 형제의 이야기와는 다른 점이 두 가지 있다. 첫째로 다리가 나오지 않으며, 둘째로 형이 동생을 살해한 것을 후회한다. 행복의 상징인 결혼식에서 자신이 범한 중죄에 겁을 먹고 창백해진다. 이는 악인도 마음속에서는 반성할 것이라는 근대인의 안일함을 보여준다. 덕분에 그림 형제의 이야기가 더욱 무섭게 느껴진다. 오랜 세월 동안 구전되어 온 절대악은 존재한다는 비정함이 오히려 더 현실감 있게 느껴진다.

그림 동화 '노래 부르는 뼈'
일본에도 '노래하는 해골'이라는 그림 형제의 이야기와 똑같은 전래동화가 있다. 돈을 벌기 위해 도시로 나온 형제가 다리 위에서 3년 후에 만나자고 약속한다. 허송세월 한 형은 동생이 성실하게 모은 돈을 빼앗고 그를 다리에서 밀어버린다. 그리고 아무것도 모르는 얼굴을 하고 고향으로 돌아간다는 이야기이다.

테이 철도교

¶

완벽한 직각과 기다란 직선은 자연계에 존재하지 않는다. 사람이 말을 타거나 혹은 자신의 두 발로 여행했던 시대를 생각해보자. 길은 산과 언덕을 따라서 휘어지고 계곡을 타고 내려갔을 것이다. 강폭이 가장 좁아지는 곳에 세워진 자그마한 다리를 건너서 다시 굽이굽이 걷고 비탈길을 천천히 올라가야 했을 것이다.

하지만 철도가 생기면서 이 모든 것이 변했다. 레일을 깔기 위해서 오르락내리락하는 길을 깎고 쌓아서 가능한 한 평평하게 했다. 최대한으로 평탄하고 직선적인 철길을 달리게 됐고 풍경도 공업화되어 갔다. 현대인에게는 너무나도 익숙한 풍경이기 때문에 아무런 느낌이 없겠지만, 산업혁명 초기에 경험한 사람들에게는 불가사의한 세계로 보였을 것이다.

당연히 '철마'당시에는 열차를 그렇게 불렀다를 위한 튼튼한 다리도 필요했다. 석탄을 가득 실은 대중량의 기관차가 수많은 사람이 탄 여러 개의 객차를 견인해야 한다. 검은 연기를 내뿜고 윙윙 하는 소리를 내지르며 돌진하는 열차를 기존과 같은 구조로 만든 다리가 감당할 수 있을 리가 없었다.

많은 교량기술자가 용기 있게 도전했지만, 초기에는 추락사고가 다발했다. 미국에서만 1878년부터 1895년까지모두 목제였다고는 하지만 502개의 다리가 붕괴됐다는 통계 기록이 있다. 철도왕국으로 불리는 영국의 상황도 마찬가지였다. 영국 스코틀랜드의 테이Tay 철도교 참사는 설계 미스에 의한 사고사례로 자주 언급될 정도로 유명하다.

북브리튼 기관차 철도회사North British Locomotive는 다리를 스코틀랜드의 유명한 기술자 바우치Thomas Bouch에게 맡겼고 7년에 걸친 공사 끝에 1878년에 개통됐다. 테이강이 북해와 만나는 만의 북쪽에 위치하는 던디Dundee 시와 남쪽에 위치하는 월밋Wormit 시를 연결하는 다리였다. 당시로서는 세계 최장의 길이를 자랑했던 철도교로 전체 길이가 약 3.2킬로미터에 달했다. 다만, 레일은 평탄하지 않았다.

선박이 항행해야 한다는 이유에서 중앙부가 갑자기 높아지기 때문이다. 후에 이 중앙부의 교각이 충분히 높은 강도로 만들어지지 않았다는 비판을 받는다. 하지만 상무성의 검사에는 아무런 문제가 없다는 결론이 나왔다. 테이 철도교는 화제가 됐고 빅토리아Victoria 여왕은 열차를 타고 다리를 건넜다. 때때로 정차해서 10분 이상 멈췄다가 다시 달리는, 시속 3마일의 여유로운 철마를 타고 여왕은 북해의 아름다운 풍경을 즐겼다. 57세 바우치의 위업은 칭송됐고 기사의 작위까지 받는 일생의 절정기를 누렸다.

운명의 여신은 심술궂어서 갑자기 손바닥을 뒤집을 때가 있다. 빅토리아 여왕이 유쾌하게 여행을 즐긴 후로 반년, 다리 완공으로부터 겨우 2년도 되지 않은 1879년 12월 28일, 강풍이 부는 밤이었다. 몹시 거친 바람이 요란한 소리를 내며 부는 가운데 묘하게 밝은 달빛이 다리를 비췄다고 한다. 에든버러Edinburgh에서 출발한 열차가 오후 7시를 넘어서 테이 다리의 남쪽에 위치한 센터폴에 도착했다. 나쁜 예감이라도 들었던 것일까. 대기소의 신호원은 천천히 다리로 향해 나아가는 열차를 오래도록 지켜봤다.

북해는 사납게 요동쳤다. 열차가 딱 다리의 중앙부,

봉긋하게 올라온 부분을 통과할 때 동풍이 습격했다. 신호원은 레일 건너편에서 솟아오르는 불길을 봤고 굉음을 들었다. 서둘러 전신을 쳤지만 교신 되지 않았다. 그는 강을 따라서 상류를 향해 뛰어갔다. 다리를 비스듬하게 측면에서 쳐다봤더니 마치 한가운데를 악마가 갈고리 같은 손톱으로 할퀸 것처럼 사라지고 없었다.

나중에 밝혀진 바로는 철기둥은 열두 개가 부러졌고, 다리는 800미터 정도가 붕괴됐다. 붕괴된 다리와 함께 열차와 승객도 차가운 물속으로 낙하했다. 전원 사망이었다. 바닷물에 떠내려갔는지 유해도 거의 행방불명이었다.

대영제국의 위신이 제대로 땅에 떨어졌다. 조사위원회가 설치됐고, 풍압의 영향에 대한 과소평가와 질 나쁜 철재의 사용, 규정 속도보다 빠른 스피드로 계속 운행해 왔다는 사실, 부품의 유지 보수 소홀 등등에 근거하여 '일어날 일이 일어난 사고'였다고 결론 내렸다. 문제없다며 허가한 상무성의 담당자들은 책임을 회피했고, 모든 책임은 설계자 한 사람에게로 돌아갔다. 실의에 빠진 바우치는 10개월 후에 병사한다. 참담했던 이 사고를 계기로 새롭게 건설된 철도교의 안전도가 비약적으로 향상됐다는 것이 불행 중 다행이었다.

테이 강에 위치한

테이 철도교

스코틀랜드(영국)

바우치는 폭풍이 칠 때의 풍압을 58.6kgf/㎡(킬로그램포스퍼미터제곱)으로 계산했다. 새로운 테이 철도교는 맹렬한 돌풍을 고려하여 273.4kgf/㎡의 풍압에도 견딜 수 있도록 설계됐다.

길이: 3,264미터 | 1887년에 재건된 다리

스코틀랜드
영국

기원의 다리

¶

다리는 강과 계곡과 해협과 같은 커다란 장해로 분리된 곳을 연결하는 건축물이다. 그래서 '난관 극복'의 상징이 된 것이다. 힘들더라도 다리를 놓으면 현재의 닫힌 상황을 극복하고 원하던 곳으로 건너갈 수 있다. 다리가 현재의 막다른 상황을 타개하고 원하는 미래로 가고 싶은 사람의 신앙의 대상이 되는 것은 당연한 일일 것이다.

미시마 유키오三島由紀夫의 유명한 단편소설 '다리돌이橋づくし'에서는 다리가 신앙의 대상으로 등장한다. 달 밝은 가을밤에 집에서 출발할 때부터 일곱 개의 다리를 다 건널 때까지 침묵을 지키면 소원이 이루어진다는 전설을 믿는 네 명의 여성에 관한 이야기이다.

배경은 1950년대 중반의 긴자銀座이다. 주인공인 마사

코滿佐子는 신바시新橋에 위치한 일류요정에서 자란 요조숙녀로 대학에서 예술을 전공한 인텔리 여성이었다. 하지만 스물두 살임에도 아직 애 같은 구석이 있었다. 한 번 가게에 왔을 때 같이 사진을 찍었을 뿐인 배우를 사랑하게 되어, 그녀는 그와 결혼하는 것이 현재 최대의 꿈이다. 마사코의 초등학교 동급생인 가나코かな子는 게이샤로, 자신을 전면적으로 후원해줄 '남편'을 만나고 싶다. 또 가나코의 선배인 중년 게이샤 오유미小弓는 돈을 원했다. 셋은 같이 다리돌기를 하기로 계획했다.

그런데 반갑지 않은 인물이 한 명 추가된다. 밤에 외출하는 것을 걱정한 마사코의 모친이 함께 가라며 하녀 미나みな를 붙인 것이었다. 미나는 동북지방 출신으로 피부가 검고 성격이 억척스러운 여자였다. 마사코는 미나를 용모가 남만 못하고 머리도 나쁜 것 같다며 드러내놓고 경멸했다. 그래도 상냥한 구석이 있어서, 이왕 가는 것이니 자신들과 같이 소원을 빌어보는 것이 어떻겠느냐고 권했다. 하지만 미나가 뜨뜻미지근한 반응을 했기 때문에 마사코는 그녀가 자신의 말을 이해했는지 못 했는지 알 수가 없었다.

목표는 근처 츠키지 강築地川, 스미다 강의 지류에 세워진 다리였다. 오유미가 선두에 섰고 마사코와 가나코는 손을 잡고 생각에 잠긴 채로 걸어갔다. 그리고 그 뒤로 시끄러운 발소리를 내며 미나가 따랐다.

첫 번째로 건널 미요시 교三吉橋는 Y자 모양으로 된 세 갈래 다리였다. 두 번 건넌 다음에 다리 두 개를 건넌 것으로 셈하기로 했다. 반드시 다리를 건너기 전에 손을 모아 기도하고, 다리를 다 건넌 뒤에 다시 한 번 기도해야 한다. 이어서 츠키지 교築地橋, 이리후네 교入舟橋, 아카츠키 교曉橋, 사카이 교堺橋를 건너고 마지막으로 비젠 교備前橋를 건너기로 했다. 한밤중이라 통행인도 없었기 때문에 큰 어려움 없이 다리를 돌며 기도를 할 수 있으리라고 생각했다. 하지만 '극복해야 할 난관'이 그녀들을 기다리고 있었다.

네 번째 다리인 이리후네 교로 향하던 중에 제일 먼저 가나코가 탈락됐다. 조금 전부터 아프기 시작한 배가 끝내 한계에 달한 것이다. 그녀는 걸어온 길을 달음질쳐서 되돌아갔다. 이어서 다섯 번째 다리인 아카츠키 교를 건너는 도중에 이번에는 앞에서 걸어온 여자가 오유미에게 말을 걸었다. 옛날부터 알고 지내던 사람이었다. 그 사람은 대답하지 않는 오유미의 팔을 붙들고 집요하게 계속 말을 걸었다. 그 순간 오유미는 실패하리라는 것을 깨닫는다.

마사코는 오유미를 두고 갈 길을 서둘렀다. 낙오자를 신경 쓸 여유는 없었다. 여섯 번째 다리를 달려서 건넜고, 이제 다리 하나만 더 건너면 됐다. 그런데 자신을 뒤쫓아 오는 미나가 점점 짜증 나기 시작한다. 가나코가 탈락한 후로, 미나가 합장하고 있는 모습을 보는 것만으로도 불쾌했다.

이 부분에서 작가의 필력이 더욱 돋보인다. 점차로 커지는 미나의 존재감을 다음과 같이 묘사한다. '뭔지 추측할 수조차 없는 소원을 품은 억척스러운 여자가 자신의 뒤를 바싹 따라온다는 것이 마사코를 불쾌하게 만들었다. 불쾌하게 만든다기보다는 정확하게는 불안하게 만들었다. 불안이 점점 증폭되어 공포와도 흡사한 감정이 느껴졌다. 마사코는 타인의 소망이 이토록 불쾌한 것이라고는 생각하지 못했다. 마치 시꺼먼 덩어리가 뒤따라오는 것만 같았다.'

드디어 마지막 다리인 비젠 교에 도착한다. 마사코는 다리 앞에서 필사적으로 기도를 올렸는데, 너무나도 필사적이었던 나머지 때마침 순찰을 돌던 순경에게 검문을 받게 된다. 자살하려는 것으로 오해를 샀기 때문이다. 경찰의 집요한 검문에 마사코는 결국 소리 지르듯이 대답했고,

이때 미나는 마사코를 앞질러서 뜀박질로 다리를 건넌다. 이것으로 미나는 열네 번째 다리돌이, 즉 소원성취 기도를 완수하게 된다.

끝내 미나가 무엇을 기원했는지는 알 수 없었다. 마사코가 아무리 캐물어도 '알 듯 말 듯한 희미한 웃음을 지어 보일 뿐이었다'. 무서울 것 없던 교만한 젊은 여성은 다리 위에서 침묵하는 것이 특기인 원초적 존재에게 역전당하고 만다.

다 읽은 후에도 여운이 남아서 다소 무섭기도 하고 웃기기도 한 이 이야기는 오래도록 반추하게 했다. 그뿐만이 아니라 직접 일곱 개의 다리를 건너보고 싶은 마음까지도 들었다. 하지만 현재 츠키지 강은 대부분 매립됐고 다리 아래로 강도 흐르지 않는다. 또 여섯 번째 다리인 사카이교의 철거로 다리 하나가 부족하기 때문에 영구히 소원은 이뤄질 수 없다. 마지막 비젠 교에서는 고대 인도양식으로 건축된 츠키지혼칸지築地本願寺가 보이는데, 이 사찰은 미시마의 장례식이 치러진 곳이다.

미시마 유키오의 '다리돌이'에 나오는 츠키지 강(현재는 대부분이 매립된 상태)에 위치한

기원의 다리(미요시 교, 츠키지 교, 이리후네 교, 아카츠키 교, 사카이 교, 비젠 교)

도쿄 (일본)

오늘날 미요시 교는 복고풍의 가로등이 밤을 밝힌다. 하지만 미시마가 살았던 시대처럼 강물이 흐르지도 않으며 풍취도 감돌지 않는다. 다리 옆에는 '다리돌이' 기념비와 네 명의 인물이 건너려던 다리의 경로가 동판에 새겨져 있다.

잇다, 건너다, 넘다

본서는 2011년 4월부터 홋카이도신문 석간에 매월 한 번씩 게재됐던 에세이현재도 연재 중 '세계 다리 이야기'의 2년 7개월분, 31화를 정리한 것이다.

'다리'를 테마로 선정한 데는 두 가지 이유가 있다. 첫 번째는 꿈이었다. 젊었을 때 해몽 서적에 예시로 나올법한 꿈을 꾸었다. 큰소리로 웃으면서 커다란 보도교를 건너는 꿈이었다. 드디어 새로운 세계로 나갈 수 있는 일이 결정된 날에 꿨던 길몽이었다다리는 누구나 한 눈에 그 기능을 알 수 있기 때문에 상징해석도 비교적 용이한 편이다.

선명하고 강렬하게 기억에 남은 그 꿈을 꾼 후로 계속 다리에 관심이 갔다. 다리에 관한 책도 여러 권 읽었다. 건축물로서의 다리에 관한 기술적인 책 이외에 다른 책은 없을까하고 친구에게 물었더니, 친구는 내게 다리에 관한 에피소드를 모은 책을 직접 써보라고 권했다. 이것이 세계 다리 이야기를 연재하게 된 두 번째 이유이다.

다리는 난관극복의 표상이며 인생이 교차하는 장소이고, 이 세상에 속하지 않은 것을 만나게 되는 곳이며 동시에 다른 세계 그 자체이다. '가교가 되다', '위험한 다리를 건너다', '가교 역할을 하다', '돌다리도 두들겨보고 건너라', '꿈의 부교덧없는 것에 대한 비유'처럼 다리가 나오는 속담 및 표현이 많은 것도 당연한 일이다. 소설, 오페라, 미술작품에서도 다리는 중요한 의미를 가진다본서에서는 미시마 유키오, 고골, 쇼스타코비치, 르누아르의 작품을 다루었다. 영화는 그야말로 셀 수도 없을 정도이다. 하지만 무엇보다도 현실의 다리에 훨씬 많은 숨은 역사와 깜짝 놀랄 비화가 담겨있을 것이다. 본서에 담긴 불가사의한 이야기를 읽으면서 다리의 매력을 느꼈기를 바란다.

다리 이야기 연재 중에 있었던 여담이 하나 있다. 금문교를 다룬 다큐멘터리 '브릿지'에 관한 원고를 썼던 날, 취재 때문에 한 사진기자를 만났다. 대화 중에 '브릿지'에 관한 이야기가 나왔다. 아이는 감당할 수 없는 무서운 기억을 왜곡하거나, 혹은 망각하기 위해서 의식 깊숙한 곳에 묻어버리는 경우가 있는 것 같다고 내가 말했을 때였다. 그는 깜짝 놀라며 “새까맣게 잊었던 초등학교 때의 기억이 생각났어요. 지금껏 완벽하게 잊고 있었는데 생생하게 떠오르네요”라고 말했다.

그의 기억도 다리에서 투신자살한 사람을 목격했던 기억이었다. 그의 고향에도 금문교처럼 붉게 칠해진 다리가 있었다. 그가 친구 세 명과 함께 다리를 건너는데 한 여성이 투신했다고 한다. 깜짝 놀라 난간으로 뛰어가서 아래쪽을 내려다봤다. 강물에 휩싸인 그녀는 노래를 부르면서 천천히 가라앉았다. 소꿉친구였던 네 사람은 중학교까지 같은 곳으로 갔지만 이후로 아무도 이 사건을 화제로 삼지 않았다며, 충격이 너무 컸기 때문이었는지도 모르겠다고 덧붙였다.

장기연재가 되어 현재 편집담당자는 세 번째 편집담당자이다. 첫 번째 편집담당자였던 미시마 히로유키三島博行 씨는 ‘무지개의 여신 이리스’에 관한 글을 썼을 당시에 이와미자와 시岩見沢市 공원에 이리스 동상이 있다는 것을 조사로 알아봐 주었고 사진까지 찍으러 가주었다. 동상은 현재 이탈리아에 거주하고 있는 하코다테函館 출신의 여성

조각가 고데라 마치코小寺真知子의 작품이었다. 두 번째 편집담당자였던 다카하타高畠 씨는 밀러터리 마니아였다. 덕분에 전쟁 관련 원고를 쓸 때 무기에 관해서 배울 수 있었다. 현 편집담당자인 고이에 마사노부古家昌伸 씨는 연재 4주년을 기념하여 전국토목시공관리지사회 연합회회장 고바야시 야스아키小林康昭씨와 내가 나눈 대담이 지면에 실릴 수 있게 도와주었다. 연재 2회부터 삽화는 계속 사토 요시타카佐藤仁敬 씨가 애써주었다. 연재가 진행되는 동안 나를 비롯한 모든 분이 어느 사이엔가 다리 마니아가 됐다.

마지막으로 각각의 이야기를 하나로 정리하고 멋진 책으로 만들어준 가와데출판사河出書房新社의 다케시타 준코竹下純子 씨에게 진심으로 감사를 전한다.

나카노 교코